CZESLAW MILOSZ

米沃什诗集

II

着魔的古乔

[波兰] 切斯瓦夫·米沃什 著

林洪亮 译

上海译文出版社

目　录

着魔的古乔

（一九六五）

这是冬天

冬天像往常一样来到这山谷，
经历了八个月的干旱下雨了，
稻草色的山岭短时间变了绿。
在峡谷里的灰色月桂树，
把坚硬如石般的根移植在花岗石上。
溪水必定注满了干涸的河床，
海风把桉树林搅动得左右晃动。
被透明的建筑物撕裂的云层下面，
刺眼的光正在船坞上闪亮。

这不是那个地方，那里是大理石广场，
你坐在咖啡棚下面，望着人群。
也不是你在一条狭窄街巷的窗口吹着笛子，
孩子们的凉鞋在拱形的前厅里啪哒响着的地方。

他们听说有一片广阔而荒凉的土地，
被群山环绕着，于是他们去到了那里，

留下了多刺的木十字架和篝火的残迹。
他们在山脊上的雪中过冬，
在一起抓阄，煮同伴们的骨头。
于是后来这座能生长槐蓝的炎热山谷，
让他们觉得很美。再过去，一片云雾
从岸边的港湾升起，海洋在忙碌着。

睡吧，海角和岩石将躺在你体内，
荒原中不动的动物在举行军事会议。
爬虫的会堂，泡沫四溢的白色，
睡在风衣上，你的马在啃草，
一只老鹰在测量悬岩的广度。

醒来时，你将得到世界的四个部分：
西方，是一只装有水和空气的空海螺，
东方，永远在你身后，是对被雪覆盖的枞树的不真实的记忆。
只要把你伸开的手臂再伸展出去，
便是古铜色的草，北方和南方。

我们是穷人，久经磨难，
我们曾在不同的星星下面露营。
你用杯子从混沌的河里舀水，
用旅行折刀去切面包。
这就是那个地方，可接受而不是选来的，
我们记得我们来的地方有街道和房屋，
因此这里也该有房子，一块马具的招牌，
有阳台和椅子。但这儿却是个沉寂的地区。

雷声从地球起皱的皮肤下面掠过，
拍击的波浪，一队鹈鹕让我们徒劳无益。
这是从另一片海岸上带回来的花瓶，
就像是从泥土中挖掘出来的矛头，
那是吃蜥蜴和橡子面的失落部落的矛头。

而我正在这里行走，要走遍永恒的大地。
身体瘦小，倚靠着一根手杖，
我走过一座火山公园，躺在泉水边，
不知如何表达随时随地见到的一切：
紧贴在我的胸膛和腹部下面的大地，
它的每一块卵石都让我感激涕零。
我紧贴着它，我不知道我所听见的
究竟是我的还是大地的脉搏。
当无形的绸衣边缘擦过我时，
无论在哪儿的手都能触摸到我的肩膀。
或者很久以前有一次喝酒时发出的轻笑声，
在木兰花上点起灯笼，因为我的住房宽敞。

伯克利　一九六四

着魔的古乔

本质与空虚的距离是无边无际的。

（《快乐与有益的娱乐报》）

一

倾斜的田地和喇叭。

傍晚和低飞的鸟，还有闪亮的水。

在海峡那边的早霞中张开船帆。

我经过织锦的桥梁走进百合的内部。

被给予的生活却无法企及。

从童年到老年都会为太阳升起而极度兴奋。

二

对于一个生命来说,这些早晨太多了。
闭起眼睛我既伟大又渺小,
我穿戴着羽毛、丝绸、高衣领和武器,
女人的衣裙,我舔吃了玫瑰花。
我从一开始便高踞于每朵花之上,
我敲打关着海狸和鼹鼠的房门。
在牙膏锡管和生锈的刮脸刀之间,
竟有如此多的未录下的声音。
而在维尔诺、华沙、布里、蒙格朗、加利福尼亚的桌子上。
不可能的,我还没有得到就让我死去。

三

从河岸上稠李果的美味和芳香中,
一种意识走在月桂树、木槿的密林里,
收集着一绿筐的大地样本。
最上面是长生树的红树皮,
还有松鸦,与白令海峡那边的不同,
它张开了靛蓝颜色的翅膀。
意识独自一个,没有朋友和敌人,
它围绕着森林的斜坡,鹰巢
它为黄色纹蛇所不了解,
而它也不了解蛇和树木的原则。

四

菲利蒙星，巴乌希斯星，
在由橡树根茎包围的房屋上空。
漫游的上帝睡在由皮条织成的吊床上，
头枕在一只拳头上。
移动的象鼻虫碰到了他的香本拖鞋，
朝由脚掌踩得光滑的高原走去。

我也听见了钢琴的声音。
我悄悄走近绣线菊丛下的潮湿黑花，
那里放着荷兰伏特加酒的瓷瓶。
有一个头发遮住耳朵的少女出现，
而当我四脚爬行的时候长出了胡子，
我的印第安弓箭已被雨雪腐朽毁坏。
她在演奏，年纪很小，坐在夜壶上。
她在秋千上荡来荡去，掀起了她的裙子，
和我或者和表兄做了一些不体面的事情。
于是她很快便头发灰白，走在坑洼不平的郊区，
她急急忙忙地赶到所有少女聚集的地方。

这是座小岛，从海里升起的小岛，
它那粉红的岩石有一段是紫罗兰色。
种子发芽了，山丘上有栗树、雪松，
在港口附近，泉口的蕨草在晃摇。

在平坦的岩石上，在海湾的冷杉色的水面上，
翻转着一些像带氧气瓶的潜水员的精灵。
女巫唯一的女儿米兰达，
骑着毛驴朝岩穴方向走去，
沿着一条枝叶沙沙响的小路，
她看见三脚架和汽管以及一束枯枝。
消失吧，小岛！或者更强大：小岛，消失吧！

五

我喜欢他，是因为他不找理想的对象。
当他听到有人说“没有唯一最美的对象，
但有完美的和纯洁的”，他脸红了，把脸转了过去。

每个口袋里，他都装有铅笔和写生本，
小面包屑，生活的各种附属品。

年复一年，他围着一棵大树转来转去，
他用手掌蒙着一只眼，惊奇地眨巴着。

他羡慕大树长得像根直线！
但比喻又让他觉得不太恰当。

而象征则留下了骄傲，只关注事物本身，
看起来他想消除掉事物本身的名称。

当他年老了，他就去拔因烟草而变黄的胡须。

"我宁愿失败,也不愿像他们那样的胜利。"

正如彼得·布伦乌黑尔父亲的突然回来,
他试图从叉开的双脚下面朝后望去。

这棵树继续在长高,无法达到,
啊,它是真实的,真实到根茎。有过。

六

人们指责他和这个女人结婚,却和别的女人同居,
哪里有时间,他说,去干蠢事、离婚和别的事情,
一个人刚起床,摆弄了几下画笔,就已经是傍晚了。

七

古乔是个调皮的孩子,变成了苍蝇,
按照仪式,苍蝇在糖岩下面沐浴净身。
它笔直朝奶酪的洞穴奔去,
它通过窗口飞往发光的公园,
那里有不受约束的树叶的渡船。
从极度的彩虹中取来了一滴浓缩的水,
带有亮光片的苔藓公园正在树皮山上生成,
散发出苦辣的尘埃,从朱红色鲜花的韧性蕊柱中。

虽然持续的时间不长,从下午茶到晚饭,
但总是在最后,当他已熨好了裤子修整好胡子,

手持白酒杯的他总认为自己在欺骗他们，
因为苍蝇不应去谈论国事和生产的产量。

面对他的女人是火山的山峰，
那里有岩谷、火山口和岩浆洼地，
大地的运动使松树的树杆向下弯曲。

八

在我和她之间有张桌子，桌上有只杯子，
手肘上龟裂的皮肤碰到了发亮的桌面，
桌面上现出了她腋下阴影的轮廓，
有一滴汗珠掉落在她波状的嘴唇上，
而我和她分隔的空间是无边无际。
埃利亚派的羽箭在呼呼鸣叫，
无论是一年还是百年的旅程它都会嫌少。
如果我掀翻桌子，那是我们要完成的事情，
这种行动，不是行动，永远都是可能的，
就像要进入树木、水和矿石的愿望那样，
但是她望着我有如望着土星的光环。
她知道，我也知道，这是谁也无法企及。
人性和温柔多情就是这样安排好的。

伯克利　一九六二

江河变小了

江河变小了,城市变小了。优美的花园
展现出我们从未见过的残枝败叶和尘土。
当我第一次游过这湖时,觉得它很大,
如果我今天去到那儿,它就会像个洗脸盆,
在后冰川期的岩石和桧树之间。
哈林诺村边的森林我曾认为很原始,
散发出最近被杀的最后一只熊的臭味。
然而在松树中间有耕地在闪闪发亮,
过去是单个的如今成为整体的式样。
即使在梦中意识也在变换着自己的原色,
我脸上的特征在熔化,如同火中的蜡像。
谁会赞同在镜子里看到的只是一张人脸?

伯克利　一九六三

他们要在那儿安装电视屏幕

他们要在那儿安装电视屏幕，
我们的生活将自始至终得到表现，
就连我们尽管想永远忘记的一切，
以及这个时代令人发笑和可怜的服饰，
我们一直穿着它，是因为不知别的式样。
男女大混战，喊叫无用：我爱他们，
在我看来人人都是贪心的孩子，需要抚爱。
我喜欢海滩、游泳池和诊疗所，
因为在那儿，他们是我的骨中骨肉中肉。
我可怜他们和我自己，但这不能保护我。
语言和思想的终结，玻璃杯的移动，
转过去的脑袋，解开衣扣的手指，丑闻，
欺骗的手势，凝神俯视的云，
为了舒适而谋杀，仅此而已。
那又怎么样？如果他们离开时，脚上的铃铛
丁当作响，如果他们慢步走向大火，
大火会吞噬他们和我吗？咬咬你的手指，（假如你有，）

然后再看一遍过去的一切,从头到尾。

伯克利　一九六四

彼　岸

有些地狱具有被大火烧毁的房屋和城市的景象，而炼狱的鬼魂居住在那儿，隐藏着。在不那么残酷的地狱里，可以看到贫民的茅屋，有的地方这些茅屋排列成行，成了有大街小巷的小镇模样。

伊曼纽尔·斯威登堡（瑞典哲学家）

跌落时，我抓住了窗帘，
手中的丝绒是我在这世上最后能摸到的东西，
当我掉落时，我一边大叫：啊！啊！啊！

到最后我也不相信我自己，像别人一样。

后来，我沿着车辙前行，
在坎坷不平的石路上。小木屋，
或者是荒野上的残缺的石屋，
用铁丝网圈起的栽种土豆的田地。
他们好像在玩牌，还有类似洋白菜气味，
和类似的白酒，类似的垃圾和时间。

我说过，这不过是……但他们耸耸肩，
或者掉转眼睛。此地不知惊讶为何事，
也不知花卉。锡罐中的干天竺葵，
绿茵的表面蒙上一层薄薄的灰土，
他们不知未来。留声机在转动，
一再重复着从未发生过的事情，
谈话一再重复着从未发生过的内容。
为的是不让人猜出他在何处，或为什么。
我看见一群瘦狗，伸出鼻子在嗅来嗅去，
而且从家犬变成了猎犬，又变成矮脚狗，
以显示它们并不是真正的狗，
一群乌鸦冻僵在半空中，惊散在云层下。

伯克利　一九六四

这城市灿烂辉煌

这城市灿烂辉煌，数年后我回到该城，
罗特勃夫或者维朗的性命已终结，
但他们的儿孙已出生，正跳着他们的舞，
妇女们照着用新金属制成的镜子，
要是我不能说话，这一切又有何用，
她站在我上面，沉重，像地球在它的轴心上。
我的骨灰存放在小酒罐柜台下的陶罐里。

这城市灿烂辉煌，数年后我回到该城，
回到我的家，在花岗岩博物馆的陈列框中，
在染睫毛油、乳白色玻璃瓶旁，
和埃及公主的月经带陈列在一起。
那里只有金盘铸造而成的太阳，
和缓慢走在发黑地板上的脚步声。

这城市灿烂辉煌，数年后我回到该城，
我用外衣蒙住脸，虽然那些人还记得

我欠他们的债未还过,但均已不在人世。
羞耻不会永驻,丑行会得到宽恕,
这城市灿烂辉煌,数年后我回到了城中。

巴黎　一九六一

这些走廊

我在火把的照亮下走进这些走廊，
听见水滴在破地板上。
在深山里面。壁龛里是我朋友们的胸像，
他们的眼睛是大理石的，只有光和影，
在他们脸上投下了一丝生命的苦笑。
再朝前走，是一条通向黑暗深处的曲径，
那里没有精灵，只有我脚步的回声，
直到那火把在无人知晓的转弯处熄灭。
我注定要在那里变成一块石头。
入口处被一次滑坡堵住，定会被人遗忘。
在一条从冰河泻下的溪水旁的枞树林里，
一只母鹿将生下它的斑点小鹿，空气会
对着别人的眼睛，就像从前对着我的一样，
展现出它那美丽的由叶子组成的螺旋体。
清晨的每一种欢乐都将被重新发现，
还有从大果园里摘下的苹果的每一口品尝。
因此我为我爱过的一切而生活得很平静，

地球给我们提供了水槽、酒罐和黄铜枝形吊灯。
有那么一天，当一群追赶熊的猎犬
掉进了石缝中，久远的后代的人们
破解了我们留在壁上的凸凹不平的字母时，
便会因发现我们知道他们那么多的欢乐
而惊异万分。尽管我们那些无用的宫殿
已经变得那么一文不值。

俄勒冈—伯克利　一九六四

三论文明

一

满脸的愠色，
无礼的回答，
对外国人的厌恶，
支撑着国家。

射门时的狂叫，
港口的贫民窟，
给穷人的烈酒，
支撑着国家。

赫尔曼兹雅，如果我转动戒指，
那些地区就会消失，我的随从匆匆
穿过，以便不见那目光呆滞的眼睛。

假如人们不受日常生活的强制，而是
这么说吧，进行适于身体轻松的娱乐，
非常整洁，假装他们毫无臭气。

人们在剧院里啃吃着巧克力，
被阿敏塔斯的牧人的爱情所感动，
白天读着幸亏是晦涩难懂的《神学大全》

如果谁都不愿进军营，国家将衰亡。

二

是的，风景确实是有些改变。
从前是树木葱茏的地方，如今工厂林立，
走近河口的大桥就得捂住鼻子。
河水中漂浮着油污、氯和甲醇化合物，
更不用提那些来自“抽象经”里的副产品：
粪、尿和死去的精液。
大量人造颜料的废液毒死海里的鱼。
原先港湾堤埂上芦苇丛生、杂草萋萋，
如今堆放着废弃的机器、灰烬和红砖。
我们从前读到古代诗人有关大地的
芬芳和蚱蜢，如今我们得绕开田野，
尽快地驶过农民的化学区域。
昆虫和鸟濒临绝种。慵懒的人驾着拖拉机，
掀起了阵阵灰土，伞遮住了太阳。
为什么悲伤？我问。老虎？狮子？鲸鱼？

我们创造出第二“自然”，与第一自然相似
以便不让我们相信是活在天堂之中。
这是有可能的，当亚当在果园中醒来，
群兽觍着嘴脸、友好地打着呵欠，
它们的尖牙和甩打着肩背的尾巴，
均为象征性的，还有尖嘴鸟和小鸭，
后来，过了相当久后被称为红背伯劳，
并没有把毛虫插入黑刺李的尖刺上。
不过，除了那一刻，我们所知道的自然
并不能为它的利益说话。我们的也不坏。
因此我请求你，用不着那么忧伤。

三

假如我只知道一件事，只有这一件事：
悔过和受伤害的自尊心的区别何在？

敞开嵌镶木板的走廊，
缎面的拖鞋啪哒在暖和的斜坡上，
可爱的颈脖，你的芬芳缭绕不绝。
刽子手已匆匆跑来，带着犯罪的证据：
留在郊区的血迹和一把遗忘的尖刀。

而当他们在楼梯上追捕我，直到天亮，
我绊倒了，抓住窗帘。我不明白，
我的绝望是否是一种纯粹的悲哀，
还是一种耻辱——毫无尊严地死去。

后来我在镜里凝视我那肿起的眼睑。

于是我想起了我便写信给亚历山大，
向他提出建议，要他去压制青年团体，
（赫尔曼兹雅，你会发现信的日期是 1820 年。）
我无法忍受愚蠢的让-雅克的那些门徒，
但我羡慕他们对自身品德的深信无疑。

我是反对写注释的，不过遗憾的是，这里不得不加以说明。赫尔曼兹雅的名字是杜撰的，并不代表任何历史人物。但是在第三部分他在讲述自己的梦时，是作为神圣同盟秩序的悲观的辩护者，这里指的是梅特涅，正是他一八二〇年写信给沙皇亚历山大一世的，对浪漫主义的政治后果做了恰中要害的分析（尽管他没有使用浪漫主义这个定义），于是我想到，我这首诗的内容会让人想起斯沃瓦茨基诗剧中沙皇亚历山大和康斯坦丁亲王的有关安吉尔卡自缢的谈话。

伯克利　一九六三

格　言

手的训练到底是怎么回事?
我要说的就是手的训练的基本原理。
有人指责排列的符号出了错,
但手是按它学过的来排列。
然后它被送到污渍和涂鸦的学校,
直到忘记了优美,因为就连蝴蝶的符号
也是一口底部布满毒气的井。

也许应该以不同于鸽子的形态
去描述它。像火,很具体,但不属于我们,
甚至当它在火炉中消耗着木柴时,
我们用眼睛和手去找寻它,就让它成为绿色
全是菖蒲的叶子,奔跑着越过草地
的独木桥,伴随着脚步的哒哒声,
或者在空中吹响白桦树做的喇叭。
在下面,在它的响声中一群小职员跌倒了,
他们敞开了制服,女人们的梳子

飞了起来,像被斧头砍出的木片。

这依然是重大的职责,吸引着那些灵魂
从他们活着的地方,并伴随着蜂鸟、椅子和星星的观念。
把他们关进二者必居其一中：雄性、雌性。
以便让他们在分娩的血里哭叫着醒来。

伯克利　一九六三至一九六五

我睡得太多……

我睡得太多，正读着圣托马斯·阿奎那，
或《上帝之死》（是本新教的书）。
右边是海湾，像是熔化的锡，
海湾过去是城市，城市过去是海洋。
海洋过去是海洋，直至日本。
左边是干燥的山丘，长着白草，
山后是灌溉的田野，种着水稻。
再过去是山脉和黄松林，
山脉后面是荒原和绵羊。
当我离了酒不行，我就去买酒。
离了烟和咖啡不行，我就去买烟和咖啡。
我过去很勇敢、勤劳，几乎是道德的楷模，
但这毫无用处。

医生先生，我身上很痛，
不是这，不，不是这，我自己也不知道。
也许是因为太多的岛屿和陆地，

太多的没有说出的话、集市和木笛。
或者对着镜子喝酒,没有美女。
尽管有这么一个当过天使长,
或者是一个在圣乔治街上的圣乔治。

巫医先生,我身上很痛,
我总是相信符咒和巫术。
的确,女人们只有一个天主教的灵魂,
我们则有两个。当你翩翩起舞时,
你在睡梦中访问边远的印第安人村庄,
甚至是从未见过的土地。

我求你,把你那羽毛做的符咒戴上,
现在该拯救你自己了。
我读过许多书,但我不信它们。
痛苦时,我们回到了某些河岸上。
我记得那边有刻着太阳和月亮的十字架,
和在伤寒流行时忙得不可开交的男巫们。
把你的另一个灵魂送到山和时间的后面,
把你看到的东西告诉我,我会等着。

伯克利　一九六二

酒神赞歌

我们在地球上看到过如此之多的事物,而孔雀石的山岭在日落时像以往一样受到歌声和鞠躬致敬的欢迎。

这同样的春之舞在召唤,在玄武岩悬岩的怪石下,成群的小鸟在海湾的碧澄澄的海水中扑腾嬉玩。

一只海獭的鳍状之手在闪闪发亮,它正在洛波斯海峡的波浪中划水。

这时在雾里,杜鹃花在水汽弥漫的沟底里发出红光。

什么也没有增加,什么也没有取走。不可动摇,完美无缺,不可侵犯的世界。

没有留下对任何事物的记忆,而那些事物本该是我们的。

一把口琴在远处吹奏出一支曲调,来自无法确定的年代,或者来自一条小路，我们在这条小路上用一吻来团结在一起。

纺车轮上亚麻在沉睡，谷物和苹果在谷仓里，棕色圆点在安托尔卡表妹的胸脯上。

机关枪嗒嗒地响了起来，在一块布满反坦克战壕的平原上，在一片像撕破的幕帘那样的多云的晨曦下。

谁能肯定，谁能说出，这徒劳无益的、毫无用处的、难以唤回的梦是“我的”。

我们的已死去的女人们，穿着文艺复兴时期的衣裙，窸窸响地走了过去，四下观看着，并把手指放在她们的嘴唇上。

身着盔甲的伙伴们坐在棋盘的旁边，把他们带有面罩的头盔放在身旁。

而爱的威力、血泊中一片鲜明的金色，将永远废弃我们的空虚的名字。

伯克利　一九六五

没有名字的城

（一九六九）

岁　月

我环顾未知的岁月，知道从远处来的人寥寥无几，阳光温暖着我，犹如水滋润着植物。

那是个狐色的久远的年代，如同被锯断的树干，或者像长在山丘上的十一月的葡萄藤叶。

在他的林中住地和房间里，响起了强烈音乐的节奏，条条溪流从黑暗的山上奔泻而下，纠结在一起。

穿着衣边上带有小铃铛的一代青年，敲着刚果鼓在欢迎我的到来。

我重复着他们那用喉音唱起的令人心醉神迷的绝望歌声，踯躅在海边，海浪掀起了冲浪板上的少年，也冲刷掉我的足迹。

就在这令人难忘的时间分界线上，人们在学习用双脚走路，学习朗读那些通常印在儿童读物上的字句。

如果记忆所及,那我会回答我所知道的一切,借以赞美人类的事情。

啊,太阳,啊,星星,我说,神圣的,神圣的,神圣的,是我们在天空下的生存、日子和永恒的亲密相处。

伯克利　一九六二

没有名字的城

一

谁会去尊敬这座没有名字的城，
那时候，有些人死了，有些人去淘金，
或者在遥远的地方倒卖军火。

那把缠着白桦树皮带子的号角，
在波纳里吹响了对失踪者的铭记：
流浪汉，探险者和废弃棚屋里的弟兄们。

这个春天，在沙漠里，在营地旗杆后面，
在一片伸向黄色和红色的山岩的沉默中
我听见在灰灌木丛中有野蜂的嗡嗡声。

急流带走了回声和木筏，
一个戴鸭舌帽的男人和一个戴头巾的女人，

用他们的四只手紧紧握住了舵桨。

在图书馆里，在画有十二宫标记的塔下，
库特里姆嗅了嗅他的鼻烟盒，微笑着，
因为尽管出了梅特涅，但一切均未失去。

犹太人的马车行驶在里德的小街上，
街中是弯曲的车辙。一只松鸡站立在
大军丢弃的一顶胸甲兵头盔上啼叫。

二

在死谷里我思考着各种各样的发型，
和一只在学生舞会上移动聚光灯的手，
在那座任何声音都不能达到的城市里。
矿石没有吹响最后的号角。
一颗爆裂的熔岩在吱吱作响。

在死谷里，干涸河床中的盐在闪闪发亮。
保护自己，保护自己，血的滴答声在说。
坚硬的岩石根本产生不出任何的智慧。

在死谷里没有隼鹰在空中飞翔。
一个吉卜赛女人的预言应验了。
在一个有拱廊的小巷里，我正读着一首诗，
是写住在隔壁的人的，题名为《沉思的时刻》。

我久久望着后视镜,看见一个步行三百
里的人,一个在山下骑自行车的印第安人。

三

吹着笛子,举着火把,
还有一面鼓在咚咚响,
啊,在前排,那个死在伊斯坦布尔的人
正挽着情人的手来到这里,
燕子在他们的头上飞来飞去。

他们拿着用从绿湖采来的叶子
和花束装饰起来的桨。
他们走在城堡大街上,越来越近,
突然间什么也没有了,只有一片云
飘荡在波兰语文学会的
文学创作分会的上空。

四

我们登录了整个图书馆的图书,
我们也走过了难以数计的地方,
我们经历了许多战争,尝过许多败仗,
直到我们和我们的马利亚都不在人世。

五

怜悯和理解，
我们最珍惜。
还有其他吗？

身强体壮和名望
吻和赞赏。
谁会需要呢？

医生和律师，
英俊的军官，
在黑色的坑里。

皮毛、睫毛和指环，
弥撒后在阳光中鞠躬
长眠休息。

晚安，成双成对的乳房
睡在永恒的梦中，
没有蜘蛛。

六

太阳落在热情的立陶宛人的小屋上，
还给由大自然绘成的肖像点燃了火

那里，维利亚河流经松林，热米
安那拿来了黑色蜂蜜，
密雷赞卡和浆果一起睡在热加林附近。
仆人们拿来了特班出产的烛台，
他们把窗户上的一道道窗帘拉上，
当我脱下手套，我以为我是第一个进的门，
却看见所有的眼睛都盯在我的身上。

七

当我摆脱了悲伤
和我追逐的名望，
我从不和它们相干。

怪物和恶龙把我带往
家国、港湾和山峦之上，
由于偶然或者命中注定。

啊，是的，我要成为我自己。
我边哭边对着镜子喝酒，
这样我才认识到我的愚蠢。

用指甲、黏膜、
肠、肺和脾，
会建起谁的房屋？

我自己和许多人中的一个，

我不是我自己的朋友，
时间把我切成了两半。

盖满了雪的纪念碑，
请接受我的礼物，
我到处游荡，不知去向何方。

八

犹豫、燃烧、辛辣、苦涩、味咸，
这就是不合体统的宴席。
在任何地方的云团下面。
在港湾，在平原，在干涸的河沟里。
没有密度，没有石头的坚硬。
甚至连《神学大全》都淡化成稻草和烟。
天使合唱队乘一粒石榴籽飞驰而过，
他们懒散和缓慢吹起的喇叭不是为了我们。

九

万能的光，但却变化不定，
因为我也爱光，也许只爱光。
但它太高太亮不为我所有，
因此当云彩成玫瑰色时我想的是低层的光，
在长着桦树和松树和地衣的国土上，
晚秋时节，在白霜下面，当最后的草菌
腐败在枞树林中，猎犬追逐自己的回声，

寒鸦翱翔在一座巴齐尔教堂的尖塔之上。

十

没有表白，没有诉说，
但为什么？
人生短暂，
岁月迅速流逝。
不记得是在这个秋天还是那个秋天，
穿着麻绒衣裙的扈从
站在栏杆上窃笑，甩在一边的辫子，
蹲坐在楼上的便器上，
正当雪橇在门廊圆柱下面丁当作响，
穿着狼皮长着满脸胡子的人进门时。
女性的人类。
纠结的头发，张开的双脚，
孩子们的鼻涕，溢出的牛奶，
臭气冲天，一堆冻结的粪土。
而这些世纪
可以闻闻半夜里青鱼的气味，
而不是去下什么棋类，
或者去跳一跳优雅的芭蕾舞。
还有木栅栏，
怀孕的山羊，
还有猪，食量大的和食量小的，
以及用魔咒医好的母牛。

十一

不是最后的审判而是河边的集市，
小口哨，小公鸡，糖浇成的心。
于是我们走在融化的雪地里，
买到了斯莫尔冈尼亚的面包圈。

算命人在叫喊：“幸福的命运，生命的星宿。”
一个玩具魔鬼在红色盐水中上下游动。
另一个在空中吱吱叫着，喘着气，
就在有关奥托王和麦露辛的故事中。

十二

为什么只委派我去关照那个不设防的、纯洁得像一个被遗忘部落的结婚项链一样的城市呢？

像七百年前在杜齐古特的古铜色沙漠中串连起来的蓝色和红色的种子。

在石头上磨成赭石的地方，仍然期待着粉饰人的脸颊和额头，可是那里早就没有什么人了。

我身上有什么邪恶、有什么怜悯，值得享受这份奉献呢？

它站在我面前，准备好了，既不缺烟囱里的烟，也不缺任何回声，当我穿过那些把我们隔开的河流。

也许安娜和多尔齐娜·德鲁齐诺从三百英里外的亚利桑那州呼唤过我，因为除了我，再没有人知道她们曾经活过。

她们在我前面慢跑在河岸大道上，两只鹦鹉——两个兹姆日的贵族女人，为了我在夜里解开她们老处女的灰发髻。

这里既没有早，也没有晚，一年四季，年年月月，每日每时都是同时到来。

粪车在黎明时排着长队驶出城外，市府官员在城门口用皮袋子收取过路费。

"信使号"和"迅捷号"的机轮轰鸣，逆流驶向威尔基。一名划手被英国小快艇撞飞了，他的双桨使他展翅飞翔。

在圣彼得和圣保罗的教堂里，天使们垂下了厚厚的眼睑，对一个想入非非的修女微笑。

长着须毛、戴着假发，索拉·克沃克太太坐在收款台前，教导她的十二个女售货员。

整条德国大街的人从柜台抛出散开的棉布商品，准备去死，去夺取耶路撒冷。

暗黑而庄严的地下河敲击着大教堂的地下室，那是在小卡其密什的陵墓下面，在把橡木烧得半焦的壁炉下面。

带着祈祷书和仆人用的篮子，穿着丧服的巴尔巴拉，从圣尼古拉教堂的立陶宛弥撒回到巴克什塔街的罗默尔夫妇家里。

啊，多么灿烂辉煌！这是三十字山和贝克索瓦山的白雪，不会被那些短暂停留的人们的呼吸所融化。

当我转到军火库街，再一次睁开眼睛望着世界无用的另一端时，我又知道什么呢？

我跑着，绸衣响动，跑过了一个、二个甚至十个房间都没有停步，因为我相信能找到最后一座门。

但是，嘴唇的形状，和一只苹果，和一朵佩戴在衣裙上的鲜花，就是一个人所能了解和允许拿走的一切。

既不好，也不坏，既不美也不凶，大地坚持着，天真地面对着欲望和痛苦。

这份馈赠一文不值，如果随后在远方旅店的大火中，引起的痛苦不是更少而是更多。

如果我不能这样来耗尽我的和他们的生命，把过去的哭泣最终变成为一种和谐。

像在斯特拉森旧书店的一本《贵族杨·邓博鲁格》，我被置于自己的两个名字之间而长眠在那里。

叶繁枝茂的古墓上的城堡塔楼变小了,却有一种几乎听不清的,也许是莫扎特的安魂曲的音乐。

在一动不动的光亮里,我动了动嘴唇,高兴得把我想说的话都没有说出来。

伯克利　一九六八

当月亮

当月亮升起时，穿花衣裙的女人们出来散步。
她们的眼睛、眉毛和世界的整个安排令我惊叹，
在我看来，从这样一种强烈的相互吸引中，
终将会引发出终极的真理。

伯克利　一九六六

快来吧，圣灵

Veni Creator[1]，
让草消失（或者不消失），
让火舌出现（或者不）在我们的头顶上面，
当刈草季节或者耕种期间拖拉机
出现在核桃林的平原上，或者当雪
掩盖了内华达山中折断的枞树时。
我只是一个人，我需要看得见的标记，
我建造抽象观念的楼梯，容易厌烦。
你自己清楚，我曾多次请求教堂里的雕像
为我抬起它的手，只一次，仅仅一次。
但是我能理解，标记必须是人类的，
因此需要在世界的任何地方去唤醒一个人，
（但不是我，我毕竟还知道点礼节）
让我在望着他的时候对你表示惊叹。

伯克利　一九六一

① 拉丁文，快来吧，圣灵。

窗　子

黎明时我朝窗外望去，只见一棵小苹果树在晨光中显得晶莹剔透。

当我再次在黎明时朝窗外望去，看到一棵结满果实的大苹果树站立在那里。

多少岁月过去了，但我一点也记不得梦中发生的事情。

伯克利　一九六五

管弦齐奏

一

无名称的礼物：我们活着，头上是炽热的创造之光。

石峰上的城堡，河谷中的野草，条条江河注入楞树下面的港湾。

以往所有的肉体战争、所有的爱情，凯尔特人的贝壳，巉岩边的诺曼底人的小船。

一呼一吸，啊，极乐世界，我们跪拜，热吻着大地。

一个裸体的姑娘，穿过长满青苔的城市，蜜蜂沉重地回来，从傍晚的采蜜中。

在我们的床头，是一座物种的迷宫，一直伸展到含磷的石灰岩洞口的密林深处。

夏天的倾盆大雨，淋灭了黑暗村庄广场上的灯笼。一对对夫妇气喘吁吁地走过。

黎明时分，卡里普索岛下的水烟雾升腾，那儿，一只黄鹂在老树的顶端上面飞翔。

我望着停靠在对岸的渔船。岁月悠悠，采摘葡萄的季节又已开始。

二

我的意识，我给你说，当一个闷热的晚上，电闪雷鸣，飞机正降落在贝菲或卡拉马佐。

空乘小姐走来走去，脚步轻盈，以免惊醒熟睡的旅客，我的下面是鳞次栉比的城市，清晰可见。

我曾以为我能理解，但为时已晚，我除了笑和哭之外，却一无所知。

肥沃三角洲的萋萋芳草夺去了我的时间，而把一切变成了无始无终的现在。

我消失在建筑物的螺旋梯中，在水晶体的线条中，在森林里弹奏的乐器声中。

我再次回到了巨大的果园里，只有回声在那山上百年榛树之下的房子里寻找我。

你怎能追上我，你庄严，你执掌着功过，当我现在都不记得我此时是谁，过去又是谁的时候。

我同时躺在许多海滩上，脸颊贴着细沙，我听见海洋敲着狂喜的鼓声奔腾而来。

三

整个下午蝉都在喋喋不休地唠叨。他们在山坡上用旅行用的杯子喝着红酒。

手指撕着肉，肉汁沾满了灰白的胡须，也许是戒指，要么是脖子上的金项链在闪闪发亮。

一个美人从天篷下、从极地的摇篮中走来，让母亲的手给她梳洗打扮，于是我们解开她的头发，拿走玳瑁梳子。

散发着油脂芬芳的皮肤，都城广场上的弯眉毛，她的乳房适合于我们的掌心，在底格里斯河和幼发拉底河的花园里。

于是他们弹起了琴弦，并在高地上喊叫，下面是河流的转变处，野营的橙色帐篷已渐渐为暮色所笼罩。

海滩上的湿砾石，行星发亮的光圈，在猎犬的追逐中，孩子们朝黑夜走去。

四

除了笑和哭，一无所有。可怕而又手无寸铁，他们抓住我的手，把我拽进了尸骨成堆的坑道里。

再过片刻，我将和他们一起，加入村长们、荡妇们和国王们的舞蹈行列，正像从前在节庆欢宴的桌布上所画的那样。

披着大氅拖裙的大赫瓦尔和有着翅膀的命运女神，不是给我而是给罪人带来甜蜜的时代。

三个戴面具的魔鬼杜利班、科斯杜鲁班和门德里尔尖声喊叫、放着臭屁，端来了热气腾腾的菜盘子。

手指握着手指，舌头舔着舌头，但这不是我的触觉，也不是我的知觉。

穿过七座石山，我在寻找我的老师，直至我在这里，站在尸骨累累的坑前的并不是我。

我站在战场上，最后的事物不属于我，死神——魔鬼有黑色的肋骨，我真不敢相信。

五

割下的三叶草的气味拯救了消亡的军队，而汽车的灯光，使草地永远发亮。

七月的夜多么空旷，它以雨的滋味润湿我的嘴，而在普伊布伦附近的桥边，我又恢复了童年。

温暖营地的蟋蟀在低矮的云下面鸣叫，犹如木轮车行驶在我们失去的故土上发出的嘎嘎响。

不可理解的力量把我带动，一个世纪过去了，我听见在黑暗中跳动的死人和活人的心。

六

凡是分散的均已消失。但我的叫喊“不，不”还在继续，尽管这声音已在风里烧毁。

唯有那分散的没有消失，其余的一切都已不复存在。

我想描写的是这个而不是那个菜篮子，上面摆放着一个红发的葱头娃娃。

椅子扶手上的长筒丝袜，一件压皱的是这样而非那样的衣裙。

我想描述的是她而不是别人，她趴着睡，得到他的腿的温暖。

我还要描写的是一只在世界唯一的高塔上的猫，它在创作伟大作品时不停地咪咪叫。

不是所有的船，而是那只帆角上印有蓝条的船。

不是所有的街，而是那条挂有“普克鞋店”的街。

我徒劳地试验过，因为留下的是多次出现的菜篮子。

不是她，（她的皮肤或许正好是我所爱的，）而是一种语法的形式。

谁也不关心，这只猫确实是《忒勒马科斯历险记》的作者。

这条街永远是众多无名街道中的一条。

七

这只死狐从没有受洗的儿童和动物的灵魂深渊中走出，为反对语言而作证。

在松叶的蚁形般的亮光中，它站在孩子面前一会儿，他们把孩子召来，就是为了预卜它四十年后的命运。

不是一般的，而是狐狸思想的全权代表，披着印有宇宙图形的斗篷。

但是他来自热加里村附近的针叶树林。

我将他置身于高等法院去为自己辩护，因为从爱的欲望中获得的只有怀疑和无穷的苦恼。

他四处奔走，从一个海岛到另一个海岛，希冀找到一处能永远拥有的地方。

直至赫洛伊丝或者安纳列娜的房间里的烛光熄灭，天使们在雕刻的床阶上吹起了喇叭。

灰暗的曙光从棕榈大道后面升起，由汹涌波涛的轰鸣声所宣告。

任何东西只要一进入五官的密室，就会融进时髦的织锦中。

法官大人，你不了解案件的特殊性。

八

黎明在大地上升起，高高的地平线的白色伸展到塔马帕斯山的山脊。

支离破碎,在雾气的毛绒中,一群岛屿和海岬显露在水漫的牧场上。

暮光中的刀的蓝色,玫瑰色彩的锡,流体的铜,碧玉,绿宝石。

屋脊被阳光照射的建筑物：奥克兰市、旧金山,当在低地移动的云母点亮之前：伯克利、厄尔·塞里托。

在海洋风中,桉树的果荚相互碰撞和裂开。

高度、长度和宽度在睡梦中将一只身体蜷曲的毛虫拿在手里。

而且将它带到冰冻的山地荒原那边、直到大陆的最遥远的地方。

圣诞树上金属饰片在转动,海湾中的城市被三座桥的绳索拉紧。

黑夜将尽的时刻,令人惊异的是,这时刻、这地方,是为唤醒一个个肉体之躯而确定的。

九

我问过今天是何日,那是圣安德烈节的前夕。

安托尼的破镜子躺在杂草和白雪中,合众国和旗帜也在那里腐烂。

远离轴心的偏僻乡村、除了我之外别人都不知道它们是：吉耐提、雅斯沃伊勒、奥庇托托基。

在纺车停止不动的寂静中,因两支蜡烛的光亮、老鼠的吱吱声、幽灵的婚礼而胆战心惊。

在电子音乐中,我听见美人鱼的悲哭声,人们奔跑时的呼叫被分解成振动和沙沙声。

我坐在镜前,但没有一只手从黑暗中伸出来触摸我的肩膀。

那边，在我的身后是一闪一闪的亮光，一群又一群的鸟儿从春天冰冻的河岸上掠起。

挥动着四个翅膀，鹳鸟在自己的巢里进行庄严的交配。

我不诚实的记忆才保留着无名氏诞生的胜利。

如果有一种声音，能让我在这种声音中分辨出宽恕的话语。

十

在一个人们共有的梦中，居住着一群长毛的动物。

这是座巨大而安全的森林，谁若是想进去，必须四肢爬行，直到天亮才能到达密林的中心。

金属物体无法进入的原始森林，却像一条温暖的深河拥抱着一切。

在丝绒般的隧道里，触摸就能分辨出苹果及其颜色，完全与光天化日之下的颜色不同。

全都是四肢动物，他们的大腿碰到了獾熊的柔软，他们的玫瑰色的舌头相互舐着对方的皮毛。

“我”以心跳让他惊异地感觉到，然而它是如此广大，整个大地及其春夏两季都无法把它容纳进去。

甚至连保护着它的皮肤也无边无际。

后来在自然光中才分出你和我，他们赤脚试图行走在卵石铺成的地面上。

一群双脚的人，有的向左，有的向右，他们系着皮带和袜带，穿着裤子和拖鞋。

他们踩着高跷走动，想念着林中的小屋、低矮的隧道，憧憬着确定他们回到那里的时间。

十一

腹腔很大的食花动物，具有玫瑰色的扭动的肌肉。

从烈火中、从坠落的躯体，用性的黑针串连成双双对对。

在银河系的中心呼吸，把一颗颗的星都吸引过来。

而我，是它存在的瞬间，处于穿越群山斜坡的多道公路上。

荒凉的山峦，生长着一种年岁久远的野草，世世代代以来都是在日落时绽放和枯萎。

在大转弯的地方，是油罐车的存放地，或者是透明的高塔，抑或是飞弹的发射架。

沿着海岸的水迹，锈色的岩石和屠宰场，在那儿，要把砍成四块的鲸鱼碾成粉。

我想成为法官，可是我称之为“他们”的那些人，却变成了我。

我尽力摒弃我的信念，以便使我并不比那些满足于自己无知的男女更优秀。

而我在地球的故乡的道路上，和天庭的音乐一起旋转。

我想我所能做的一切，以后一定会做得更好。

伯克利　一九六五

怎么回事

追踪一只小鹿，我远远地追到了山上，从那里我看见了它。

也许是由于别的原因，我飞升在落日之上。

在黑树林斜坡和一片海洋上面，薄暮时分冰川的洋红程度。

我看见不存在、反现实的强大力量，对一个永不能实现的许诺的惩罚。

如果在胶合板的帐篷内，被单的碎片和讨厌的白铁，这片土地的原住民还在摇动着响铃，但这是徒劳的。

任何鹰之创造者都不会在空中飞行，它光荣的雷电会把它击碎。

保护的精灵隐藏在咕嘟作响的矿产的地下矿床中，有时会出现在地面上，甚至会使公路主干道的材料崩裂。

上帝——主没有到来，察看雪松的新芽，人们再也听不到他的呼吸了。

他的儿子不了解为子之道。他掉转眼睛躲开了十字的霓虹，平滑得就像放送脱衣舞的屏幕。

这一次确实是新约和旧约的结尾。

他们不会恳求，每个人挑选了一大块玛瑙和闪长石，以便悄悄地告诉她：我不能活很久了。

长满胡子的信使戴着祈祷的念珠，成立了秘密的团体，在帝国的城市和海外的港口。

但是他们中没有一个人宣示孩童救世主的诞生。

惩处国民的讨伐士兵化了装，戴着面具，朝禁忌的仪式走去，并不是为了再看到希望。

他们吸入缓解一切记忆的烟雾，并朝两侧摇来晃去的，相互交换无名字的联盟的话语。

用黑木雕塑的永恒转轮屹立在流浪教团的帐篷前。

但他们怀念王国，就像我在山中避难了，成了被丑化的神话的继承者。

伯克利　一九六八

在路上

召唤什么东西？召唤什么人？全能的上帝，你盲目地穿过羊毛似的地平线。

在滨海省的堡垒上面是古铜色鳞甲的海市蜃楼。

穿过在河床上燃烧的葡萄藤烟雾，或者通过败落教堂的蓝色没药树。

走向永远为话语所掩饰的难于达到的山谷，在那里，不真实的泉水把赤裸跪着的人冲洗干净。

没有智慧之果，在循环的路上，从地面到天空，又从天空到陶瓷工的陶泥的干血。

剥夺了预言的继承权，中午在一棵比任何希望都更坚强的高大松树下面吃着自己的面包。

圣保罗　一九六七

白　色

白，白，白，白的城市，女人们给它送去了面包和蔬菜，她们都是在回归的黄道十二宫下出生的女人。

绿色阳光下的喷嘴喷出一股股水流，犹如在订婚之后的很久日子里，在凛冽的清晨中，从这一端漫步到另一端。

在这稠密地区的某处，有学童腰带上的纽扣，用黑莓绳索绑着的地牢和石棺。

任何记忆、任何知识都不会接受起始的碰撞的启示。

我是个蹒跚的过客，在失去说话能力之后，走过街上的集市。

征服者帐篷里的蜡烛流下了蜡油，愤怒也离我而去，只有冬季苹果的酸味留在我的舌头上。

两个吉卜赛女人从骨灰中站了起来，她们敲着小鼓，为不死的人们跳起了舞。

在有人或无人居住的（对此谁也不关心）天空中，只有鸽子和回声。

我大声哭泣，因为我相信，绝望会继续下去，爱也会继续存在。

白色的城市中，既无要求，也不知道，更无名称，但它存在于过去，必将存在于未来。

巴黎　一九六六

论证与回答

——爱上帝就是爱自己。
星星和大海是以最可爱的我所充满，
甜蜜如枕头和被吸吮的大拇指。

——对于信神的人那是太不尊敬的事情，
假如蚱蜢在暖热的草丛中叫鸣，
能以被称作“存在”的属性，
去泛指所有，而不指它本身。

伯克利　一九六二

忠　告

假如我处在年轻诗人们的地位,
(地位很高,不管同时代人的意见如何)
我宁愿不说,地球是一个疯子的梦,
一个充满喧嚣和愤怒的无聊的神话。

的确,我无法看到正义的胜利。
无辜者的嘴里没有说出任何的事情。
有谁知道,那戴着皇冠的小丑,
手里拿着酒杯高喊,上帝对他特别宠爱,
因为他毒死、杀害和蒙蔽了许多人,
即使他那么温和,也不能感动观众。

上帝并不会给好人增添羊群和骆驼,
也不会因屠杀和伪证拿走任何东西。
他隐藏得那么久,以致人们都忘记了
他是如何现身在燃烧的树丛里,
和一个年轻犹太人的胸怀中。

准备为过去和未来的人们去受苦受难。

不能确定，阿南克是否定好了时间，
以让人们偿还傲慢和奢侈所欠下的一切。

人们被给予了这样的理解，
他们只能靠掌权者的恩惠生存，
因此就让他们忙着喝咖啡、捉蝴蝶去吧，
谁热爱共和国，谁的手会被砍断。

然而，这世界只需要一点点爱，
倒不是因为我对自然的安慰，以及
巴洛克的饰品、月亮、厚云过于认真，
（虽然维里亚河畔的稠李盛开，这个季节真美）
啊，不，我甚至会建议远远离开自然，
离开无限的空间和无限时间的
持续不断的景象，离开花园小路上
被毒死的蜗牛，就像是我们的军队。

死亡太多了。这正是为什么会钟情于
那些发辫、在风中的颜色亮丽的衣裙
以及不比我们更耐久的那些纸船……

蒙格朗　一九五九

咒 语

人的理性美丽而不可战胜。
没有栅栏和铁丝网,没有把书化成纸浆,
流放的判决对它毫无作用。
它用语言建立了普遍的思想,
引导我们的手,于是我们用大写字母来
写正义和真理,用小写字母去写谎言和压迫。
它把一切该置于上面的事物都放在上面,
它是绝望的敌人,希望的朋友。
它不分犹太人和希腊人,也不分奴隶和主人,
而把世界的公共财产交由我们去管理。
它把简朴和明了的语句
从折磨的词语的粗俗嗓音中解救出来。
它告诉我们,万物在太阳下面都是新的,
它打开了过去被冻结的拳头。
美丽而又年轻的是菲罗-索菲亚[1]

① “哲学”一词的希腊语音译。

和她结盟的诗歌共同为善服务。
大自然昨天才迟迟祝贺她们的诞生，
是独角兽和回声把这消息带到了山中。
她们的友谊名扬天下,她们的时间无穷无尽。
她们的敌人把自己交给了毁灭。

伯克利　一九六八

诗歌的艺术[①]？

我一直渴望发现一种包罗万象的形式，
它既不大像诗，也不完全像散文，
它不刺激别人，又能使人们相互理解，
也不会给作者和读者带来过分的悲痛。

诗歌本身就包含着庸俗猥亵的内容，
产生于我们身上的连自己都不知道的东西，
像是从我们身上跳出的猛虎，眨动着眼睛，
站在光天化日之中，尾巴在左右摆动。

有人说，写诗受魔鬼驱使，这话不假，
尽管魔鬼硬把自己说成是真正的天使。
尽管诗人们常常为自己的软弱感到羞愧，
他们又为何如此傲慢，真让人无法理解。

---

① 原文为拉丁文，Ars Poetica。

有理性的人想成为一个魔鬼的王国，
魔鬼们控制着他，用多种语言演说，
他们掌控着他的嘴和手还嫌不够，
还要把他塑造成可供他们摆布的人。

如今病态的一切居然受到人们的器重，
有人认为我是在开玩笑，乱说一通，
或者认为我又找到了一种新的方法，
拿冷嘲热讽作为对艺术的赞美和歌颂。

从前，人们读了那些充满智慧的书籍，
能帮助他们减轻痛苦，承受不幸。
现在却完全不同，人们醉心于阅读
成千上万部描写精神病院的作品。

然而如今的世界却与我们想象的不同，
我们也有别于我们过去的胡言乱语。
只要人们还保存着沉默的正直和善良，
就能得到家人和亲友们的喜爱和尊敬。

诗歌的作用使我们觉得
一个人要始终如一，确是难上加难。
因为我们敞开大门，门上没有钥匙，
不认识的客人随意进出，毫无阻拦。

我说的话似乎超出了诗歌的范围，
但是，诗歌的写作并不自由也不情愿，

而是受着可恶的压力，只是希望支配
我们的是善良的精灵而不是恶煞凶神。

伯克利　一九六八

在二〇六八年全球国家理事会上的发言中关于纪律性的更具说服力的论据

我们呼吁加强纪律,并不期待赞扬,
因为我们并不需要他们的欢呼。
忠诚的公民们可以得到我们的保护,
我们不要求任何的回报,除了服从。
然而大量的证据促使我们
表示希望:人们会正确地评估
我们所采取的路线的正确性,
从而有别于他们的不合理的想象和欲望。
我们可以大胆地说,只有我们,而不是任何
别人,才能从相互矛盾的意见的不毛之地中
把他们拯救出来。在那片地中,
真实的事物并不具有充分的重要性,
因为虚假的事物也具有同样的重要性。
我们把他们从那片荒原中带出离开。
在那里,他们每个人,在他们各自的无知中
思考着这个世界的意义和荒谬性。

自由,对于他们,就意味着女人的赤裸,
他们觉得面包无味,因为面包房里全满了。
他们以艺术的名义玩赏着无聊的滑稽剧,
以及对每天每日飞驰时光的恐惧。
是我们,而不是别人,发明了灯火管制法,
由于我们知道,一个被放任自由的头脑,
会去追求和它自身规模不相适应的终极目标。
是我们,而不是别人,发明了目标递减法,
因为贫穷和痛苦是幸福的必需条件。
而在今天,这些疯子一边痛骂法律禁令,
一边已经在害怕我们会取消禁令,
禁令使他们把自己想象得更伟大,
是巨人,也许是天使,在他们的飞行中被强迫停了下来。
他们的真理,他们知道,只有在和我们的对立时才是真理,
或者是在和我们的谎言相对立时才是真的,
而我们对于那些谎言,只不过带着幽默感去对待。
想象中的安乐乡引诱他们,又排斥他们,
他们在那里只会找到一片虚无,也就是他们自己。
让我们明白无误地、清清楚楚地宣布:
我们的统治虽然强硬,但并不是没有他们的同意。
根据统计资料,他们中大多数在梦中低语:
愿审查制度和贫穷将会受到祝福。

伯克利　一九六八

海　岛

你可以随心所欲地想象这个海岛，海洋白茫茫一片，长满葡萄藤的洞穴，紫罗兰下面是泉水。

我被吓坏了，因为我几乎快忘了我曾在那里住过，很远地，在地中海文明之一的地方，要到达那里，必须航行很久，还需穿过阴暗的沙沙作响的冰山群。

这儿，一只手指指着一排排田地、梨树，缰绳、牛轭，它们都被封闭在水晶玻璃里，直到这时，我才相信，我曾在那里生活过，学会了那里的风俗习惯。

我用风衣蒙住了头，倾听着上涨的潮水，摇着头，为我过去的愚蠢行为而恸哭。即使我曾经很聪明，那我也无法去改变我的命运。

那么，就让我去悲哭我的愚蠢吧，无论是当时，还是后来抑或是现在，我都非常想得到对我的愚蠢行为的宽恕。

伯克利　一九六八

我的忠实的母语

我的忠实的母语啊，
我一直在为你服务。
每天晚上我都要把各种颜色的碟子摆在你的面前，
你就有了你的白桦、蟋蟀和金丝雀，
它们都保存在我的记忆中。

这样持续了很多年。
你就是我的祖国，我再没有别的故国。
我认为你就是一位信使，
在我和那些好人之间，
即使他们只有二十个，十个，
或者他们还没有出生。

现在我承认我的疑虑。
有时我觉得我在浪费我的一生。
因为你是卑贱者的语言、
无理智者和仇恨者的语言，

他们憎恨自己甚至超过憎恨别的民族。
你是告密者的语言，
是一群糊涂人的语言，
是那些害上了自以为是的病人的语言。

但是，没有你，我又是什么人呢？
不过是在遥远国家的一位教书匠，
一个功成名就，没有恐惧和屈辱的人。
啊，是的，没有你，我又是什么人呢？
不过是个哲学家，和别的其他人一样。

我知道，这是指我的教育：
个性的荣耀被剥夺了。
面对着一个道德的罪人，
命运女神铺开了一块红地毯。
与此同时，一盏魔灯在夏布的背景上
投下了人类和众神受苦受难的图像。

我的忠实的母语啊，
也许是我应该去拯救你。
因此我要继续在你面前摆上各种颜色的碟子，
尽可能使它们明亮和净洁，
因为在不幸中需要这样的秩序和美。

伯克利　一九六八

散　诗

（一九五四至一九六九）

存　在

我瞧着这张吓呆了的面孔。一座座地铁站的灯光飞驰而过，我没有注意它们。该怎么办呢？如果我的视力缺乏那种神速地吞下一个对象的绝对能力，而只能在身后留下一个外形完美的空间，一个像是根据一张动物或鸟类图画，用简单的象形文字描绘出来的符号？一个有些扁的鼻子，高高的额头，往后梳的光滑的头发，下巴的线条——但是，为什么视觉的力量不是绝对的呢？而在一片渗着粉红的白色中两个雕刻出来的洞，其中包含着一片黑色的光彩夺目的熔岩。专注于这张脸孔，但同时又把它放置在一切春天的枝条、墙壁、波浪的背景之上，在它的哭泣中、笑声中，把它倒回去十五年，或者向前推三十年，这才会有了，但这并不是一种渴求。像一只蝴蝶、一条鱼、一株植物的根茎，要的是更加神秘的事物。因此这事便发生在我的身上，那就是在多次企图说出世界的名称时，我却只能一再重复，只能翻来覆去作出最高的唯一的声明。除此之外便没有任何力量能完成了，这就是：我是——她是。大喊大叫、吹起喇叭，举行千百次的游行，跳跃，撕破自己的衣服，只要重复这一个：是！为什么要记下这些书页、声调、派别的教研室？如果我在嘀咕，好像我是第一个从海岸上出现的人？那么，太阳的文明，毁灭城市的红尘，在荒原尘埃中的武器和机器，那又有什么用呢，如果它不能增强这个声音：是？

她在拉斯帕尔下了车，我留在车上，和大量存在的事物在一起。一块海绵，它因自身不能吸足水而深感痛苦。一条河，因其映出的云和树不是真正的云和树而痛苦。

布里—康提—罗伯特　一九五四

一个错误

我认为这一切都是在准备，
以便学会最终怎样死去。
早晨和傍晚，在一棵枫树下的草地上，
没有穿内裤的劳拉，睡在覆盆子的枕上，
而快活的费朗，却在溪河中洗澡。
多少清晨和岁月。每一杯葡萄酒。
劳拉和大海，陆地和岛屿，
都在使我们，我相信，接近一个目标，
应该想着这个目标而加以利用。

但是，在我们街道上有个截瘫患者，
人们把他和轮椅一道推着前行。
从阴影里进到阳光下，又从阳光下走到阴影里，
他望着一只猫、一片树叶和汽车上的铬钢，
喃喃自言自语道：美好的时光，美好的时光。

毫无疑问，我们拥有美好的时光，

只要时光依然是时光的话。

蒙格朗　一九五七

多么丑陋

多么丑陋啊，这些老家伙，
胸口和肚皮的凹坑里长着毛，
因坏牙引起的忧愁，烟草的臭气，
还有胖脸上老于世故的微笑。

他们洗着牌，吹着他们年轻时
流行的探戈曲调，回忆着
球赛、阳台和灌木丛中的冒险。

人们很可能会可怜那些
和他们交往的女人，
她们无疑是出于某种紧迫的需要。

不过，对于他们也应给予怜悯，
是因为他们和这些女人交往，
这些美丽的发臭的百合花，
如果摇动她们一下，她们便会咯咯大笑，

满肚子充满了放荡的心计，
事后她们会在镜子前久久梳理自己的头发。

蒙格朗　一九五九

致罗宾逊·杰弗斯

如果你没有读过斯拉夫诗人的诗，
那反而更好。你在他们那里找不到什么，
值得苏格兰—爱尔兰流浪者去寻求。
他们生活在世代延续的童年中，
对于他们，太阳只是农民的红润的脸，
月亮从云后窥视，银河像一条白桦树成行的
公路使他们高兴。他们渴望天国，
而天国如此接近，总是近在身边。
然后，在苹果树下穿着布衣的天使们
会拨开树枝前来，而在集体农庄的
白色桌布上举行热情而慈爱的盛宴。
（有时会摔倒在地上。）

而你来自惊涛拍岸的礁岛，来自石南丛生的地方。
那儿在埋葬一个战士时，要弄断他的骨头，
那样他就不能来扰乱活人。来自海的黑夜，
你的祖先默默地把它拉来掩盖自己。

你的头上,没有太阳的也没有月亮的脸孔,
只有银河星系的跳动,那是永远不变的
新的开始和新的毁灭的暴力。

你一辈子都在倾听海洋。黑色的恐龙,
在水中跋涉,那里有一大片发着磷光的
海草在波浪中起伏,像在梦中一样。
而阿伽门农在沸腾的大洋中航行,直到那宫殿的石阶。
他的鲜血喷射在大理石上,直到人类消亡,
而纯洁的多石的大地继续受到海洋的拍击。

小嘴、蓝眼,没有恩宠或希望。
在可怕的上帝,在世界躯体的面前。
祷告没有被听见。玄武岩和花岗岩。
在它们上面是只猛禽。这是唯一的美。

我和你又有什么关系?来自果园的小路。
来自未经训练的合唱队和发光的圣体盒。
来自芸香的花坛,河畔的山丘,一些书,
在书中,热情的立陶宛人宣称了兄弟情谊,我来了。
啊,这是凡人的安慰,徒劳无用的信念。

不过,我所知道的你却不知道。大地
所教的比赤裸的自然元素要多得多,
没有人给予自己神明的眼睛而不受惩罚。
你是如此勇敢,在一无所有的空间里,
给恶魔们献上祭品:这是奥丁和雷神,

厄里尼厄斯在空中的尖叫声,狗群的惊恐,
当赫卡忒和她的死人侍从队伍来到时。

还不如在十字架的交叉处雕刻出太阳和月亮,
我家乡的人就是这样做的。给白桦和枞树
冠以阴性的名字。恳求保护,
以抗击无声的和奸诈的强权,
胜过你宣布的一件非人性的事件。

伯克利　一九六三

信（致拉贾·罗奥）

下面这封信是我和印度哲学家、作家拉贾·罗奥（Raja Rao）几个小时谈话的继续，信是用英文写成的。

拉贾，我希望我知道
那种病的原因。

多少年来，我都不满意
我过去待过的那个地方。
我一直认为，我应该
待在别的什么地方。

城市、树木、人声
都缺少现实的特色。
我生活在继续前行的希望中。

别的地方有一座真正存在的城市。
有真的树和人声，有友谊和爱情。

如果你愿意,可将我处在
精神分裂症边缘的境地
和我的文明的救世希望,
联结在一起。

对专制感到痛苦,对共和制感到痛苦,
对前者我想拯救自由,对后者我渴望腐败能终止。
我所希望的是建立永久存在的城市。
从此毫无意义的忙碌将永远消失。

我终于学会了说:这是我的家。
这里,在海上落日的炭火般燃烧的光芒下,
在面对你们亚洲海岸的斜坡海岸上,
在一个伟大的只有适度腐败的共和国里。

拉贾,这并不能医好
我的羞耻感、负罪感。
一种我没有成为我应该
成为的那种人的羞耻感。

我自己的形象
在墙上变得巨大无比,
而在它的背景上
我的影子多么可怜。

于是,我就这样

相信了“原罪”。
而它并不是别的，
只不过是自我的初次胜利。

受到自我本身的惊吓，
追求它的海市蜃楼。
如你知道的，我会
给你一个现成的论据。

现在，我听到你在说，
解放是可能的，
而苏格拉底的智慧，
和你宗教导师的智慧
都是完全相同的。

不，拉贾，我得从我是什么开始，
我是那些出现在我梦中的怪物，
它们向我揭示了我的隐秘的本性。

如果我有病，这仍旧不能证明，
人类还是一个健康的生物，
希腊注定要失败，她那纯洁的意识，
只能使我们的痛苦更加厉害。

我们需要上帝在我们软弱时爱我们，
而不是在我们的光荣完美中爱我们。
这没什么，拉贾，我的命运就是痛苦，

挣扎、屈服、自艾自怜和仇恨自己，
为天国的来临祈祷，
和阅读帕斯卡的作品。

伯克利　一九六九

太阳从何处升起何处降落

（一九七四）

使　命

在恐惧和颤栗中，我想我能实现我的生命，
只要我能向公众做一次至诚的忏悔，
以揭露我自己和我们时代的欺诈行为。
过去我们只准用侏儒和魔鬼的口舌尖叫，
而纯洁和崇高的言论却遭到禁止，
在如此严酷的处罚下谁还敢说出一句话，
那他就要把自己视为一个失踪的人。

伯克利　一九七〇

钟点

灼热的阳光照在叶子上，
野蜂发出急促的嗡嗡声，
来自远路、来自河那边梦呓般的响声，
和锤子缓慢的敲打声，不止使我一个人感到欢欣，
当五种感官尚未打开，他们比起始更早
就作好了准备，等待着自称为凡人的人们。
他们就能像我一样去赞美生活，即幸福。

伯克利　一九七二

一个故事

我来讲讲米德尔的故事,并加入道德含义。
他遭到了一头灰熊的攻击,又凶又狠,
常从小屋的屋檐下撕抢鹿肉吃。
不仅如此,它不怕人,也不怕火。
一天晚上,它开始撞起门来,
还用爪子打破窗子。于是他们缩成一团,
把猎枪放在身旁,等待黎明的到来。
第二天傍晚它又来了,米德尔从近处
射中了它的左肩骨下面,它又跳又跑,
跑得像风暴一样快。据米德尔说,
灰熊即使被打中了心脏,也会奔跑不止,
直至倒下。后来米德尔循着血迹
找到了它。这时他才明白,
这头熊为何有这种古怪的行为:
是脓肿和龋齿让熊的口腔腐烂了一半。
成年累月的牙痛,一种难以承受的痛苦,
常常逼得我们去干毫无意义的事情。

使我们产生盲目的勇气,无所顾忌。
我们走出了森林,也不常抱有希望:
天上会掉下一个牙医来治好我们的牙痛。

伯克利　一九六九

阅 读

你问我用希腊文读福音书有何益处，
我回答这很有益，当我们的手指移动
在比刻在石头上的铭文更持久的字母上，
继而把每个音节都慢慢地读了出来，
我们就能认识语言的真正高雅，
被迫注意到那个新的时代
并不比昨天更远，尽管今天的硬币上
恺撒的头像不同，但时代没什么两样。
恐惧和渴望相同，橄榄油和葡萄酒
以及面包的意义相同。而变化不定的
平民大众像过去一样渴望着奇迹。
甚至风俗习惯、婚礼喜宴、药品和
对死者的悲哭，也只是表面上的不同。
另外，例如有许多人把自己作品称作
Daimonizomenoi，也就是着魔，
或称被迷惑的（因为“附体”是我们
语言的词典中的一个古怪用词）。

惊悚、口吐白沫、牙齿紧咬，
当时并不被看作是天才的迹象，
着魔者也没有得到文字记载和拍摄，
很少应用到艺术和文学中，
但他们却在福音故事中得到有力的保存：
统治他们的幽灵会进入猪群，
被两种本性（自己的和魔鬼的）的
突然冲撞而火冒三丈，
他们跳进水中溺死，这种情况屡屡发生。
因此，坚定的读者会在每一页中
看到，在终有一天会结束的世界里，
二十个世纪就像是二十天。

伯克利　一九六九

神的摄理[①]

我没想过我会生活在这特殊的时刻。
当高山峻岭和雷霆之神,
万军之主,克里奥斯·萨贝奥斯,
使人们受到最深刻的顺从,
允许他们想做什么便做什么,
把结论留给他们,什么话也不说。
这与世代相传的王室悲剧
确实是有所不同的景观。
水泥柱子的道路,玻璃和铸铁的城市,
比一个部落领土还要大的飞机场,
突然失去原则而崩溃瓦解。
不是在梦中而是现实,因为失去了自我,
他们只能像不该继续下去的那样继续下去。
从树中、从田里的石头,甚至桌上的柠檬中
物质逃失,而它们的幻影显示出

① 原文为拉丁文,Oeconomia Divina。

是个真空，是薄膜上的烟雾。
物体被剥夺，空间在膨胀，
到处是非处，而非处是到处。
书中的文字变成银白色，摆动而后消失，
手不能描绘棕榈的标志，河的标志，朱鹭的标志。
用多种语言的喧嚣宣布语言的致命性。
抱怨被禁止，因为是自己抱怨自己。
人们受到莫名其妙的痛苦的折磨，
他们便把衣服扔在广场上，以使他们的裸体招来审判。
但是，他们徒劳地渴望着恐怖、怜悯和
愤怒，工作和休息，
没有正当的理由。
还有脸孔、头发和屁股
都没有存在的理由。

伯克利　一九七三

消　息

关于地球文明，我们该说些什么？

它是一个由熏黑玻璃组成的彩球体系，
里面由一条发光液体的细线所缠绕和展开，

或者说是个阳光突现的宫殿的集合体，
高耸在像城堡大门的拱顶之上，
它的后面跟着一个没有脸孔的怪物。

每天都在抽签，无论谁被抽中，
都要作为祭品送到那里：老人、孩子、小伙子和姑娘。

也可以换种说法：我们住在金羊毛里，
住在彩虹的网中，住在云的茧里，
悬挂在银河树的树干上。
我们的网是用符号织成，
是眼睛和耳朵的象形文字，是爱的指环，

一个声音在中心回荡，塑造我们的时代，
我们的语言在闪耀、振动和鸣响。

因为用这些我们才能在内与外，
光明与黑暗之间划定界线。
如果不从我们本身、我们温暖的呼吸
还有唇膏、薄纱和棉布，
从已沉寂的心跳，难道世界就要死去？

也许，我们对地球文明已无话可说，
因为没有一个人知道它到底是什么。

伯克利　一九七三

历史的加速推进[1]

人类枉费心机。
卡桑德拉一个接一个沉默不语。

不是在火光中，不是在墙体的崩裂声中，
它是踩着猫的脚爪前来。

注解：
悲观主义者！难道又是宇宙毁灭？
不，至少不是，我担心“为人民而斗争的手，
人民自己会把它们切断”。

伯克利　一九七一

① 原文为法文，L’ACCÉLÉRATION DE L’HISTOIRE。

给 N.N. 的哀歌

请告诉我，这对你是否太遥远，
你可越过波罗的海的轻微波浪，
穿过丹麦的田野，穿过山毛榉树林，
你可转向海洋，那里离拉布拉多不远，
在那儿，在一年的这个季节一片白色。
如果你，一直在梦想着一座孤岛，
害怕城市和公路上的灯光闪烁，
你有一条道路直通寂静山林的中央。
越过融化的深蓝河水，有着
鹿和北美驯鹿的足迹，
直至雪山和废弃的金矿井。
萨克拉门托河会引导你前行，
在长满带刺的小橡树的山丘中，
然后穿过一片桉树林，你就能见到我。

这是真的，当北美的熊果树鲜花绽放，
海湾在春天的晨间显得格外的湛蓝，

我情不自禁地想起两湖之间的那所房子，
想起在立陶宛天空下展开的大网。
你在那个放置衣裙的浴室，
永远变成了一块抽象的水晶。
靠近走廊有甜蜜的黑暗，
还有可笑的小猫头鹰和皮革的气味。

那个时候怎么能生活下去，我自己也不知道。
时尚和衣服在颤动，模糊
而不自信，朝向于最终的结局。

我们想念事物的本身，这有什么？
逝去时代的知识燎伤了铁匠铺前的马
和小城市场上的小圆柱，
以及楼梯和弗立吉尔托妈妈的假发。

我们学到了很多，你自己很清楚。
那些不能带走的都被渐渐地
带走了，人们，周围的村镇。
但心没有死，虽然有人认为它该死。
我们笑着，桌子上有茶和面包。
只有良心受到责备，我们没有去爱
萨克森豪森集中营里的可怜的骨灰，
要以超越人类限度的绝对的爱。

你习惯了那些新的潮湿的冬天，
到一所房里去，德国主人的血

已从墙上擦洗干净,他不会再回来。
我也接受了力所能及的一切：城市和乡村。
人不会两次走进同一个湖,
在腐烂的桤木树叶的湖底,
把一条狭窄的太阳光带切断。

你的和我的过错？不是大的过错。
是你的和我的秘密？是不大的秘密。
当时他们用头巾围住下颚,把十字架放在手指间,
附近有只狗在叫,有一颗星在闪亮。

不,这不是因为路途太远,
那一天或夜晚你没有来看我。
年复一年,它在我们中间成长,直至贯穿全身,
我像你一样理解它：冷漠。

伯克利　一九六三

呼 吁

这首诗写于一九五四年的一月或二月，本不打算发表，过了将近二十年，我在故纸堆中找到了它。

你们，我的朋友，无论你们身在何处，
也无论你们是忧心忡忡，还是满怀欣喜，
我向你们举起这杯苦涩的黑葡萄酒，
就像在法兰西国土上经常做的那样。
从起重机到运河，
铁轨和冬雾交织在一起的风景中，
在酒和黑色烟草的烟雾中，
我去到你们那里，并问你们一个问题。
请回答我，现在你们就破例一次，
抛开顾虑、恐惧和斟字酌句，
告诉我，照你们看来，在午夜时分，
当我们面对的只是夜晚、手表的滴答声
和快速列车的汽笛响时，请告诉我，
你们是不是真的认为这个世界

就是你们的家。你们体内转动的行星
是否是被你们的热血推动，
在不停顿地运行。而这颗行星是否
和你们周围的一切相处得和谐？
不，也许你们知道，这痛苦的抗议，
每一天每个小时发出撕人肺腑的喊叫，
被抑制住的微笑，理解一个囚犯的感觉，
当他触摸着墙，知道墙后是延伸的山谷。
夏天阳光中屹立的橡树，一只飞鸟
和一只把一条河变成绮丽风光的翠鸟，
你们和我一样，心里隐藏着一种自信，
很快你们将会以强大的力量，
进入充足光线中的现实，
你们将获得自由，从羁绊中得到解脱，
它超越破碎石板的霉层，
超越记忆和你们的变化，
就像蹄下冰块的碎裂声
惊起鸟群一样——超越一切时，
它将作为圣火交给你们去跑，
黎明时用你们的火焰点燃船帆，
而当船上的烟袅袅升起，
群岛醒来，从头发中抖落铜币。

不，我在这里，不是从冬天的灰烬中，
而是用最简朴的语言对你们说话。
以免扩大疑虑，或唤起悲伤，
可以举例，以姐妹命运的名义，

以及诸如此类。心依然在跳动。
什么也没有失去。如果有一天
我们的话语能和森林中的树皮
和柠檬的花结合成一体，这意味着，
我们就是在守护着一个巨大的希望。

我该怎样守护它？给事物冠名，
这不是易事。当我在说“晨曦”时，
语言本身就会加上“玫瑰色手指”，
就像希腊的童年时期，太阳和月亮
都具有众神的脸孔，我不能确定
那个波塞冬会否从海底突然出现（戴着耳环）
乘着马达破浪而行，率领着仙女扈从。
当我漫步在阿尔卑斯山的山林和草地时，
每一条岩石的裂缝都像是一座座门，
穿过它就能进入地狱，我在等待向导。

而空间又是什么样？是机动的，
牛顿式的，还是像座冰冷的监狱？
或者是爱因斯坦式的空幻的空间，
运动和运动之间的联系？不需要伪装。
我知道，假如我不知道，或者知道，
那么我就有上千年的想象力。

你们穿着衣服跳入水中，像铅一样沉重，
就和从前我们梦中的重量相同。
我们穿着古老时期的绸缎，或

伪造的紫袍,用天鹅绒的面具
把我们的脸遮住。古典的,
再一次弹奏起我们过去弹过的。
但是我敢断定,这是个奇妙的世界,
它给予我们的礼物是永恒的青春。

在这里,我向你们举杯,在这舞台上,
我,一个声音,不会更多,在巨形剧院。
面对着紧闭的眼睛、苦涩的嘴,
面对着受到奴役的沉默。

布里—康提—罗伯特　一九五四

号召遵守秩序

你可以大声喊叫，
因为人类的疯狂。
但别人可以，你却不该这样。

从细小的沙、
烂泥和黏土，
用坚硬的木条，
你筑起城堡，抗拒大海的考验，
现在它却被海浪摧毁。

多么的混乱，
达到从未有过的限度，
怎样的深渊，
却又视而不见、不闻不问。
怎样的恐惧，
在面对着你。

它展现自己
却又不是它。
它有名有姓，
却未留下姓名。
它已经完成了，
却没有开始。

你的城堡正在倒塌。
葡萄酒颜色的
悲伤的大海，
它会消除你的骄傲。

但你知道
该如何对待虚无，
这与智慧无关，
也与美德无关。

因此你怎能去责备
别人的愚蠢行为。

伯克利　一九六九

不是这样

对不起。我是阴谋家,像许多这类人一样,晚上会突然出现在人类建筑物周围。

我能估摸出那里有岗哨,当我大胆穿越被禁止的边境之前。

我知道的要多得多,但我装着只要很少就够了。我不像那些提供证据的那样。

冷对射击、密林中的追缉和嘲讽。

让智者和圣人,我想,给整个大地带来礼物,而不是语言。

我珍爱好的名字,因为语言是我的准则。

田园式的天真的语言,它把崇高变成了温情脉脉。

合唱队领导的颂歌或圣歌消失了,留下的是宗教歌曲。

我的声音永远不完整,我想表示不同的感激之情。

宽宏大量,没有讥讽,讥讽不过是奴隶的荣耀。

在七条边界之后,在启明星之下。

在水与火,以及自然元素的语言中。

伯克利　一九七二

那么少

我说得那么少。
短促的白天。

短促的白天。
短促的夜晚。
短促的岁月。

我说得那么少。
来不及说出。

我的心已疲惫不堪，
由于激动、
失望、
热情、
希望。

一只怪兽张开大口

正把我活活吞噬。

我赤身裸体，
躺在荒岛的岸边。

世界的白鲸鱼，
把我拖入深渊。

如今我不知道，
什么才是真实。

伯克利　一九六九

关于天使

你们被夺走了白衣衫、
翅膀,甚至生存。
但我依然相信你们,
使者们。

那里,在世界被里外倒翻的地方,
一块厚重的织物上绣有星星和走兽,
你们漫步着,察看着那些精细的线缝。

你们在这儿逗留的时间很短:
或许就在黎明,如果天空晴朗,
就在鸟儿重复的优美曲调中,
或是在苹果傍晚发出的芬芳中,
当光亮把果园照得奇丽诱人。

他们说,有人创造了你们,
但这种说法不能让我信服,

因为人类也创造了自己。

这声音——无疑是有力的证明，
因为它属于真实明亮的实体，
轻盈而长着翅膀（为什么会不呢？），
还系着闪电的腰带。

我常常在睡着时听到这声音，
奇怪的是，我多少能听懂，
这神秘语言所发出的召唤或命令：

白天快来了，
另一个日子，
做你能做的。

伯克利　一九六九

一年四季

透明的树上站满了候鸟，在蓝色的早晨，
天气很冷，因为山上还有积雪。

伯克利　一九七一

礼　物

多么幸福的一天。
晨雾早已散去,我在花园里劳动。
蜂鸟落在忍冬花上。
这世上的事物我再也无所企求。
我知道没有什么人值得我去羡慕,
我遭到的种种不幸,也早已忘记,
想到我一直是这样的人,并不感到羞愧。
我的身体也没有任何的病痛,
我挺起腰,看见了蓝色的大海和船帆。

伯克利　一九七一

太阳从何处升起何处降落

一　听从

不论我手里拿的是什么：铁笔、芦苇、鹅毛笔或是圆珠笔。

不论我在什么地方，在古罗马建筑物前厅的地板上，在修道院的密室里，在一座大厅里面对着国王的画像。

我在处理省里委派给我的任务。

于是我开始了，虽然不能解释为什么和怎样开始。

正如我现在这样，在蓝黑色的云下，有一匹红马在闪烁。

仆人们忙碌着，我知道，在地下的房间里，

羊皮纸在簌簌响，预备好彩色墨水和密封用的蜡。

这一次我吓坏了，令人生厌的押韵的说话，

它自己修饰自己，自己主动地说了下去。

即使我想让它停住，但我发着烧，身体虚弱，由于我患了像上次那样带来悲痛启示的流行性感冒。
那时我正注视着我热情年代的徒劳无功，
我听见太平洋的狂风巨浪在拍打窗户。

但是不，拉紧腰带，装出要一拼到底的勇气来，仅仅是为了白天和那匹红马的嘶叫声。

啊，一马平川。雾蒙蒙的火车在闪闪发亮。
孩子们走过一片灰色空地，在爱沙尼亚人村子的后面。
罗伊查，死去的骑兵上尉。莫夫章。狂暴的大风。
不信教的诅咒是非常痛楚的刺伤。
我再也不会在河边的小小国土上下跪，
只有那样，我内心里的石头才会融化，
只有那样，我什么也不会留下，除了我的泪水，泪水。

合唱：
老人们的希望
永不会满足。
他们等待着他们
掌握权力和光荣的一天，
能够理解的一天。
他们有许多事情要完成，
需要一个月，需要一年，
直到一切结束。

它接踵而出，天空一般，在岛上的阳光里，在咸味的微风中。
它消失了，没有消失，新的，是同样的。
装饰着雕刻的小船，一百支桨，在船尾有个舞者。

棍棒打在棍棒上，摇晃着他的双膝。
发出钟声的宝塔，珍珠织成网里的野兽，
公主们隐蔽的楼梯，水闸，开着百合花的花园。
它接踵而出，它消失了，我们的讲话。

合唱：
谁活得短暂，他的罪孽就轻，
谁活得长久，他的罪孽就重。
何时能筑起这条海堤，从那里我们
将看到发生的事情和为什么发生？

阴暗地、阴暗地，城市回来了。
一个二十岁的人的道路上堆满了枫叶，
在一个辛辣味的早上，他走在路上，
从围栏外窥视着花园，
或者院子，那里有只狗，有个人在劈柴。

现在他在桥上听河水的流淌声，钟声响起，
在长满松树的沙质峭壁下有回声、白霜和浓雾。

我怎么会知道烟的气味，晚秋大丽花的气味，
在一个木结构小镇的倾斜街道上。
如果这是许久以前，在梦中见到的千年纪念日，
十分遥远，从那里流动着闪耀的亮光。

我是否到过那里，像种子里的胚芽被紧紧包住。
还没到时辰就已经被呼唤，一个接一个，会触摸我？

我们工作到傍晚，但成果竟会如此之少，
以至我们一无所获，除了我们实现的命运。

在一片蓝黑色的云下，有一匹马在闪烁。
我依稀认出了过去所发生的一切。
我的名字的外衣掉落下来，
广阔的水面上，星星变得越来越小。
那个没有名字的人又代我说话了，
并打开了逐渐消失的梦一般的房子，
好让我在这空寂的房里写作，
在大地和海洋的那一边。

二　一个自然主义者的回忆录

我很想留在田园牧歌和童话里，但这不可能，也不是因为我重视内华达山中的兀鹰数目在减少和灰熊社会地位的降低，或是关于牲畜饲养和山狮也就是美洲豹保护之间的争论，其结果是萨克拉门托州政府在一九七一年决定在四年内禁捕美洲豹。

黎明时穿过草地寻找四叶苜蓿，
在树林深处寻找重瓣的榛子，
那里给我们承诺有一个伟大的生命，
它在等待，可我们还没有出生。

我们的父亲——橡树，树干是他的肩膀，
白桦树姐妹用低声细语来引导我们，
我们走过越来越远的路程去寻找
能够获得一切力量的活水。

直到初夏的漫长的一天，
走进了一片寂静的黑森林。
黄昏时我们才到达明净的水边，
海狸王在那里统治着所有的渡口。

别了,大自然。
别了,大自然。

我们飞过一片积雪的石山,
为兀鹰的灵魂掷起了骰子
——我们准许赦免兀鹰?
——我们不准赦免兀鹰。
它没有吃到智慧树上的果实,必须灭亡。

在河边公园里,一头熊挡住了我们的路,
它伸出爪子乞求我们的帮助,
——是它让迷路的旅行者受到了惊吓?
——我们给它一瓶啤酒,让它高兴。
从前它在自己的领地里有满窝的蜜。

他轻巧地跑过柏油高速公路,
我们重又在光亮中得到了雨雾朦胧的树林。
——看上去像只美洲豹
——可以赞同。
如果是,它们确实在这里,数据表明。

别了,大自然,
别了,大自然。

我要说明我童年的梦想怎样被否定:

这就是：我站在长凳上（现在不是），我潜入教室墙上的一幅画里——《北美群兽图》。

和浣熊亲近，抚摸着鹿，在驯鹿经过的路上追赶野天鹅。

荒原保护着我，那里的一只灰松鼠能在树梢上窜跑几个星期。

但我会被叫到黑板前，有谁能猜到这是在何年何月。

粉笔在手指间碎了，我转过身来，听到了我的、很可能是我的声音：

"像沙漠中马的头骨一样白，像夜间行星的轨迹一样黑。

赤裸着，没有别的，一部没有着色的电影。

这是厄洛斯，在给我们编织由鲜花和水果组成的花环。

他把罐子里的整块金子灌入了日出和日落。
就是他把我们带入了甜美的风景里，
带入了溪边和山丘上的低垂树枝的优美风景里。

回声引诱着我们不断前进，一只杜鹃许诺一个地方，那里没有思念，隐没在灌林深处。

我们的眼睛受到触动。取代腐烂的是绿色。
红白合的朱红，龙胆草的蓝色忧郁。

在淡淡黑暗中树皮的绒毛，山上的一只貂鼠一窜而过。

是的，只有欣喜。厄洛斯，因此我们是否应该相信血的炼金术，永远和幼稚的幻想世界相结合？

难道应承受没有颜色和没有语言的赤裸的光吗？

它什么也不想要，也不在任何地方呼唤我们？”

我双手蒙着脸，他们坐在凳子上沉默着。

我不认识他们，因为我的时代已过去，
我的这一代人已消失。

我来说说我的机灵，当我预感到许多事情时，便会冒出一个想法，它确实不算新颖，但受到那些比我优秀的人的高度评价，我对这些人一无所知。

我的一代已经过去，还有城市、国家，
但这是稍后的事。此时，在那扇窗子里，
一只燕子正在表演瞬间的仪式。那个男孩
是否在抱怨：美总是在别处，总是在骗人？
现在他看见了自己的家乡，正当刈草时节。
山下道路盘旋。再往下是森林湖泊。
阴沉的天空现出一条斜照的光线。
到处是拿长镰刀的人，他们穿着粗布衬衫
和按照常规染色的深蓝色裤子。

他看到的正是我现今看到的。但他很机灵，
他凝视着，仿佛事物会被记忆立即改变。
他乘马车往后看，因为他想保住更多的东西。
他知道其中的意义对最终时刻是必要的，
当他从碎片中构建成一个完美的世界。

如果我们的语言为同一事物去寻找不同时间和地点的不同名称而不使我们受骗，那么一切都会很完美。

阿尔卑斯流星花：Alpine Shootingstar
生长在横跨罗格河的山林中，
这条河位于南俄勒冈，
由于它的悬岩峭壁，难于登上河岸，
这是条渔夫和猎人的河。黑熊和美洲狮
至今还频繁出现在那里的山坡上。
这植物因其紫红色花朵而得名，
倒挂的顶端指向花瓣下面的地面。
这一切都让人想起十九世纪插图中
的星星，垂落时会拖着一条细线。
这条河是法国捕猎者给取的名字，
当时他们中的一个落入印第安人的埋伏，
从此他们便叫它里维尔·德·考昆因，
胡尔塔伊河，或被译作罗格河。

我坐在喧嚣而又飞沫四溅的激流旁，
扔着石子，思考着花的名字。
这种花在印第安语中将不为人知。

就像他们家乡对这条河流的称呼一样。
然而每个事物中都应包含有语词，
但它不是。我的职责能做什么呢?

加入毫无意义的章节,关于阿努西亚和扎利亚·鲁特尔,或译作绿芸香,似乎它常常被看作是生命和幸福的象征。

为什么阿努西亚要种芸香，
在她处女花园中常青的芸香?
为什么傍晚时她歌唱扎利亚·鲁特尔，
以致回声在水面上、露水上延伸?
她戴着芸香的花环去了哪里，
是否从衣箱里带走了她的衣裙?
在印第安人地区,有谁认识她，
那时她叫阿努西亚,谁也不认识吗?

我对我从前喜爱的《我们的森林及其居民》一书的变化做了简略的评述。

一只被残杀的野兔的悲鸣充满森林，
它充满森林却未引起森林的任何变化，
因为个性生命的死亡是它自己的私事。

每一个都应尽其所能去对待它。
《我们的森林及其居民》。我们的,我们村里的。
用铁丝网围住。吸吮、咀嚼、消化、
生长和毁灭。一个冷漠无情的母亲。

如果耳朵里的蜡熔化，松针上一只飞蛾，
一只被鸟吃掉的甲虫、一只受伤的蜥蜴，
全都处于它们那颤动的痛苦会聚的
圆心。这刺耳的响声，
将淹没种子和幼芽的爆裂声，
以及我们提着采摘野草莓篮子的孩子们，
他们听不见画眉那依旧动听的颤音。

我向斯特方·巴金斯基致敬，他教过我使用显微镜和准备幻灯片，我也无法忘记我的悲观主义的主要撰稿人——甚至引用了一部有关他科学活动的著作，该书出版于一八九〇年的华沙，供青年人使用。艾拉兹姆·马耶夫斯基教授的《莫霍瓦普斯基博士：昆虫世界的奇异历险》。

向我们的青春时代的导师致敬，
穿着花格布短裤的巴金斯基，
向你，我们的自然老师希列金尼克先生，
纤毛虫和变形虫的主宰者，
无论你一簇簇卷发的头颅长眠
在何处，被纷乱的自然力所摇动。
不论怎样的命运会落在
你的金丝边的眼镜上，
我都要向你献上这些诗句。

也向你致敬，莫霍瓦普斯基博士，
你从毁灭中获得自由，是在
昆虫王国中经历重大探险的英雄。
你总是住在华沙的苗多瓦大街，

当你的仆人格热戈兹早上打扫地毯时，
你就开始了你这个老单身汉的散步，
在那条林荫道上，你超越了所有遭受
毁灭和变化而获得胜利的地方。

这件事发生在一八七九年的夏天。

"我们的自然主义者和他的未婚妻走上祭坛的那一天，天气晴朗，阳光普照，没有风。这肯定是一个出外采集标本的好天气。这时莫霍瓦普斯基博士却穿上了礼服，并没有去想那些双翼的生物。他只是被好天气和习惯所引导，决定到皇家瓦金基公园度过他自由的最后三个小时。他边走边在想他们未来共同生活的幸福。突然有一只双翼生物多次在他眼前闪过，他看着它，呆呆地站住了。出现在他面前的是只食虫虻，而且是只他从未见过的食虫虻！他的心在剧烈地跳动。他屏住呼吸，轻手轻脚地走近那片叶子，想更清楚地观察这只罕见的动物。然而这只警惕性很高的昆虫，只给了他确定它是只不同寻常的品种的时间，便飞向了另一根树枝。我们的自然主义者紧盯着它不放，想把手伸近它。但这只食虫虻非常机灵，及时地飞开了，这样的情形重复好几次。逗人的食虫虻把他带到了花床的另一边。这位自然科学家不断失去它重又找到它，好像在玩藏猫游戏似的。时间过得很快，举行婚礼的时间到了。而此时的食虫虻却停在了很高很高的地方。为了不失去这个目标，他必须爬到树上去。现在是没有时间去想了。"

啊，命运的捉弄！当他爬到了树上，
它才被捕获，恰好是他该戴上礼帽时，
新娘听到这个消息，便昏厥了过去。

她是个不谙事理的女人，
她选择了薄纱和丝网的世界，
化妆室里易碎镜子的世界，
一只耳朵给铲子划了痕迹的彩陶便壶的
世界，产妇和哭丧妇的世界。
《在嘴唇和杯沿之间》的轻声悄语，
或是在嘴唇和一块在荒原中被遗腹子们
吃掉的拿破仑蛋糕的中间。
说到底，对多数人说来这是个珍贵的世界，
也许对她说来是个轻易的世界，但它并不轻。

你得承认，杨·莫霍瓦普斯基，
如果不是那天，你的激情就会在
灯影之中变得温顺。
一种激情，纯洁而又高尚，
不会继续引导你走向你的命运，
直至黎明到达塔特拉山上的平地，
到达白水和鲁文卡的山谷中。
望着冉冉升起的红色太阳。
按照规则的要求，你喝着药水，
然后踏进没有罪行和怨恨的地方。

孩子，我和你游历在深不可测的国度上，
在粗得像雪松一样的草茎下，
在飞行器机器的轰鸣喧嚣中，
我站在那些带刺的叶子中间，

越过半明半暗的沼泽深渊，
是蜘蛛的网线让我渡过那里。

你记录着："可怕的情况。"
在树汁、软泥、胶水、上亿只
缠绕在一起的腿、翅膀和腹部
挣扎着，变得衰弱，永远僵硬了。
那只飞蛾幼虫的肥硕身体，
被贪婪的苍蝇的凶残后代所撕咬，
那滚圆的躯体挣扎着，最终被吃掉。
来自议会时期的博爱主义者，
你是怎样的科学家，为何要同情我们？
是不是你突然感到怒气冲冲，
在一片黑烟滚滚的平原上，
你来到一座燃烧城市的城门，
在有僵死蚂蚁的大厅充当证人和法官？

你以对计算器的怜悯感染着我，
穿着角质的外衣，在透明的胄甲里
和在我童年的幻想中。
这是你一直的标记，痛苦的哲人。
但我不认为那是坏事，海登堡和
耶拿的荣誉博士。我很高兴，
你手杖上的白象牙仍在闪闪发亮。
仿佛它的光辉从不会被火焰盖住。
有人依然坐着马车行驶在林荫道上。

我试着简要描述当我选择自然主义旅行家的职业而改变了我的生活目标时的感受。

这一定是我继续旅行的原因，
至于去往何处，人们自会猜到，
例如，参观莱塞济斯附近的洞穴，
或许会在萨拉停留休息，
（而我的可怜的阿里克称之为普里瓦尔）
从那里再踏上前往苏亚克的旅程，
在罗马式建筑物的正门上有座浮雕，
诉说着西奥菲勒斯修士从阿达纳
到奇里乞亚的冒险。而先知以赛亚
八个世纪以来保持着一种激烈的姿态，
就像在拨动着一把无形的竖琴的琴弦，
继续前行，进入曲折的山谷，直到
它高高地出现，高高地，这旅行者的宝石，
就像我们童年时，在罗卡马杜尔
非常渴望得到枞树顶上的鸟巢。
但我并不强求。一条通往孔波斯特拉，
或者通往光明山的大道会很好指引你。

到达并通过。这里是长满苔藓的岩石，
在延伸。在每个转弯处显得更加清晰，
随后消失在远处。那里，有一条河
在树林和弓形桥后面闪亮。但必须记住
风景和翠鸟都不能阻止我们，
用飞行的明亮的线把两岸缝合在一起。

塔里的少女也不能，虽然她用微笑
在引诱我们，并把我们的眼睛蒙住，
在把我们带到她的卧室之前。
我曾是个有耐心的朝圣者，因此我把
每个月和每一年都刻记在我的手杖上，
因为这会使我更接近目的地。

可是当我多年后终于到达了那里，
那里发生过什么，我想，很多人知道
如果能在罗卡马杜尔的停车场上
找着位置，然后数着通往上面小教堂
的阶梯。最后确定，就是在这里，
一群冷漠的艺术爱好者正在观看
一座木制的戴着皇冠抱着孩子的圣母像，
他们和我一样不再前行了。群山和山谷
相连。那火，那水和不真实的记忆。
热情依旧，但我听不到召唤。
只有在否定中圣像才有自己的住房。

三　拉乌达

某个知名的炼金术士曾写到这个国家，它位于人类思想的最重要的需求所安置的地方，这需求同样创造了几何学和科学、宗教和哲学，伦理和艺术。前面提到的那个炼金术士还是笛卡尔的支持者，他还曾写到，这个国家的名字，可以是萨那，或者哈米吉多顿，帕特莫斯，或者是忘川，阿卡狄亚（古希腊的一个高原地区）或者帕尔纳索斯山。

不，这里不应有空间。
但我对你们说话，你们站在我面前，
在有点儿相似的阳光下，
在几乎是一样的一个晚上，
甚至落下的雨滴也和那里的一样。

这个空间不同。天使们欢唱新王的到来，
三位圣人在街上鞠躬，
狮子们跪在拱廊下面，
宣告奇迹的出现。

而我们被关闭在琥珀里面，拿着小号和提琴。

我们跑，我们唱，我们赞美过去的生活，
是因为我们亲眼所见的过去的生活没有痛苦。

而在我手里突然有根君王的权杖，
或是一面孩子的拨浪鼓，为了能陪伴自己。
当羞辱离开我时，而我也承认
我过去受了很多的痛苦。

这并不确切，那不是权杖，是根长鞭，
事实上是把苍蝇拍子，因此我便可待在家里，
在窗口倾听着，因为邻居会前来拜访，
虽然四周很安静，只有井上桔槔的吱吱声。

我在那里出生，来自贵族阶层，
我们要比拉乌达或文佳戈拉的更优越。
我受过洗礼，我跟魔鬼断绝了关系，
在凯伊坦县的奥皮托沃基教区。

打苍蝇和沉思默想是我的职责，
或者吩咐尤尔克希斯去备好四轮马车，
我就可以摇摇晃晃地穿过吉勒尔森林，
去拜访我的亲戚希尔维斯特罗维斯一家，
还有多夫吉德一家，或者多夫格沃斯一家。

我是相当幸福的。我们的村子很平静，
虽然并不很富有，很少有人乘坐马车。
它太花钱了，需用四匹马拉车，

因此四轮马车便永远停放在马车房里。

初雪之后出去打猎,第一颗星快出来了。
我在门廊里跺脚,跺掉靴子上的雪。
桌上已摆满圣诞夜的大餐、糕点和蜂蜜,
我亲爱的雅德维佳知道怎样讨我欢喜。

如果没有把我送到维尔诺去上学,
那会有什么好处?什么好处也没有。
反正我是不会埋葬在希文托布罗希奇,
在希文迪布拉斯提斯,在圣布罗德。
那里是我祖先埋葬的地方,
那里的马儿会在溪流中间停下饮水
的习惯,让这个小男孩感到好奇。

我现在感到我站在金门桥上扔出一块
石头就像扔进深渊一样。那里有个自杀者
飞身跃下,像在梦中似的,比海鸥还小。
就像我从午睡中醒来,
发现自己身穿金刺绣的外衣。

它是写在基因的密码上,
要不就是我这个贵族在涅维阿查河畔
和一个未受洗礼的魔鬼下棋,那是个
来自不太被人知道的地球力量的全权代表。

我不能确定,发生在我身上的这些事的时间是在十九世纪还是二十世纪，因为这无法确定，而且也没有什么意义。在那个国家，发生在昨天的事情和发生在四百年前的事情并没有太大的区别。至于地点则是另一回事，它要求有一定的精确性，在回答它的时候，我力图避免虚构。尽管我曾在两个大陆的许多国家搜集地球的图景，我的想象力也只能以这样的方式来处理它们，把它们分配到一个县的树木和山脉的南北东西。我的县里和邻近的科甫诺县，每一条小河，每一个城镇和居民点都有它自身的尊严，并且受到历史学家的尊敬对待，感谢他们，我才能写下以下的注释：

拉乌达（Lauda） 这个词并非来自中世纪意大利的赞歌，那是我的标题所涉及的，同时它也和波兰食物中一个复数词 lauda 毫无关系。这个 lauda 就是立陶宛语里的 liauda，但与拉丁语 laudare 毫无关系。流经这个地区的小河 liaude，在汇集了涅凯尔帕、加杜瓦、肯姆斯罗达斯、尼基斯、维斯南塔五条支流之后，便流入了涅维阿查河。至于说到拉乌达的居民史，人们可能会引用小说家显克维奇的《洪流》，不过把一部文学虚构作品当作史料来源，其价值是值得怀疑的。《立陶宛大百科全书》这部三十六卷的浩瀚的集体著作（波士顿，一九五三至一九六九出版）是这样说的：“拉乌达，涅维阿查河右岸一群贵族村庄的名称，主要在波丘乃利欧—多特奴瓦（凯伊坦县）一线。关于拉乌达的贵族状况，在十六世纪末期的罗辛地区法院档案里有不少记录，还有买卖契约和其他文件。在那个时期，在涅维阿查河右岸的大片地带上，住着属于维利奥这个广阔地产的贵族，这片土地就叫‘利欧达’。”文件直接写道：“在利亚夫达”、“在拉乌达”、“在名为拉乌登斯科耶”、“利夫德庄园”等等，“这个名字是从那条小河利欧达来的”。

“A. 沙利斯拉乌达庄园和它的土地安置在紧挨着波丘乃利艾教堂（在克拉肯纳夫西部）。那里很可能还有一些其他的拉乌达庄园。这些贵族村庄的来源曾经有多种解释。最接近历史真实的似乎是 H. 沃夫绵斯基提出的论点：这个地区里的小贵族，是早在十四世纪时就被立陶宛大公安置在这里的，并且不停地参加与条顿骑士团的作战。他们负责保卫并给涅曼河沿岸的城堡提供给养。那个时期条顿骑士团经常劫掠涅曼河右岸直到维留奥纳的居民点，拉乌达和多特奴瓦地区的贵族便向那里的城堡提供战斗人员。直到十八世纪，这些贵族村庄便分成了不同的地块，每个地块内拥有几个农庄，它们都属于维朗的产业。”

“比拉乌达更高级的贵族”，意味着他们具有比小地主更高，但却低于豪绅或半豪绅的社会地位。也许这种说法不太确切，因为贵族庄园的规模并不一致。此外，当拉乌达用于更古老一些、更广义的意思时，所有住在那里的人都可列为拉乌达阶层。我的母亲就出生在那里，那里也是她的母亲和我出生的地方，是在舍泰伊涅，或舍泰伊尼艾，涅维阿查河的左岸，离希文托布罗希奇或希文迪布拉斯提斯有三公里，紧挨着拉乌达。我的母亲是齐格蒙特·库纳特的女儿（他的姓后面是两个 t 字母，正像在《立陶宛大百科全书》里提到的一个叫斯坦尼斯瓦夫·库纳特的人一样，那人是个移民，是个经济学家，是巴黎巴提诺学校的教授），是库纳特和约瑟法·希鲁奇的女儿。下面我将引用一份一五九五年的文件，它发表在《历史档案》第一卷上，是 K. 雅布朗斯基斯搜集的（卡乌纳斯，一九三四年出版）。文件指的是否是我的祖先，不能完全确定。但是可以确定的是：希鲁提斯这个姓，虽然在现在的农民中间也有，但除了我的家族外，其他贵族中并没有这个姓。不管怎么说，这份文件是可以支持这个家族存在于拉乌达的论点的，它是用基里尔（古斯拉夫文）字母写的，现在用拉丁文字母录出：

> 我，谢别斯提杨·尤利维奇·沃罗特凯维奇，维利诺纳县佐莫伊西科地区的执行吏以此收据证实，在今天，一五九五年一月三十日，我被巴尔巴娜·希鲁特夫人，伏伊捷赫·科夫舍之女，杨·文涅拉沃维希·希鲁特的未亡人召唤到她位于维利沃纳县日姆兹地区的拉乌达庄园。该夫人当着执行吏我本人和两位证人骑士的面，立下最后的遗嘱；将拉乌达庄园以及所有的财产、土地、草地、牧场、森林、谷仓、水面、农产品什一税、收益、家仆、长工和佃户（全部）遗赠给她的儿子，亚当·雅诺维奇·希鲁特，日姆兹地区的地主。该地主亚当·希鲁特

爵士在我、执行吏和证人面前接收了上面所述的庄园、财产及其居民，并得到我的准许。根据希鲁特夫人的嘱托，在这张收据上写下了所有仆役和家人的名字，因此我认为这是一张有效的登记表和财产目录，特列举如下：（下面为登记表）

文佳戈拉　立陶宛语的万交佳拉，凯伊坦南部小城，位于科甫诺县，离科甫诺二十五公里，离博布里十二公里，离拉布纳瓦十一公里。这个地名也表示出在拉乌达之后的第二个贵族庄园和农庄的聚集点。关于文佳戈拉的历史，我们在《立陶宛大百科全书》中可以读到："文在十四世纪就是个有名的居民区，在骑士团的编年史中被提及的名字为文达雅格尔、文佳格尔、文迪加林。在十四世纪后半叶，从文佳戈拉向西，横穿波布泰、阿里奥加拉、巴塔基阿形成了一条宽广的防御地带，保护了日姆兹中部人口较为稠密的居民区，使其免遭条顿骑士团的侵犯。在这条防线上，从文佳戈拉到拉布纳瓦，大约八公里长的地段上，有十处地方用砍倒的大树和尖桩筑起了路障，以防备敌人。在一三八二年或在一八三四年，一个条顿骑士，拉古英的副司令 M. 苏兹巴兹，为了帮助维托尔德去攻打斯基尔佳尔，进入了立陶宛，在文佳戈拉遇见了一群庆祝节日的当地群众。他被迫进入武装冲突，打了一仗，在这个神圣的地方，有一百二十个立陶宛人被杀死，三百人被俘，被押解到涅曼河对岸。

"一六六四年，在日益壮大的居民区，杨和马利约娜（娘家姓沃帕钦斯基）· 罗斯托夫斯基夫妇（或罗斯特沃罗斯基）以圣三一之名用木头建起了一座教堂。"

我们还读到，在一八六三年文佳戈拉教区的副主教（代理主教）安托尼 · 科兹沃夫斯基神父被捕并被流放到西伯利亚。我们同时还找到下面这条消息：文佳戈拉庄园过去曾为赫沃皮茨基所有。1890 年为哈托夫斯基购买。一九一八年文佳戈拉及其周围地区的波兰化了的居民曾试图成立独立的共和国"文佳戈拉共和国"。

我的父亲就出生在文佳戈拉附近的塞宾宾纳村，是阿杜尔·米沃什和斯达尼斯瓦娃（娘家姓沃帕钦斯基）的儿子。我母亲的妹妹嫁给了波布特的兹吉斯瓦夫·尤里耶维奇[也就是尤尔雅维奇，从而造成许多麻烦，因为"ie（耶）"在立陶宛语中应读作"ia（雅）"]。我之所以提到这些，是因为在这个地区的档案中曾多次提到同样的姓名。

奥皮托沃基　通常在旧文件中写成这样。立陶宛语是阿皮达劳基斯。其庄园和教堂位于凯伊坦北部五公里的地方，在涅维阿查河左岸。在《立陶宛大百科全书》中，我们读到如下的描述：

"在一座丘陵的斜坡上，阿里奥加拉的执行吏、日姆兹的法官彼得·苏克什塔，于一六三五年建起了一座单钟楼的巴洛克式小教堂，还建有数座建筑物，在离小河半里外的公园里，还建了一座宫殿（府邸），这座府邸建于十九世纪中叶，古典式的，形状像一个扁平的H字，有古希腊柯林斯式和爱奥尼亚式的圆柱及三座浮雕。府邸的窗户是文艺复兴时期和巴洛克时期的式样。府邸内部值得注意的是那个雅致的火炉和石膏玫瑰花装饰。在门厅里，直到第二次世界大战期间，还摆放有用狩猎来的野兽的角制作的家具（一张大桌，椅子，一个大橱柜，衣架等等）。这些都是府邸主人查别沃在巴黎的世界博览会用五千卢布买来的。其中一部分设备现在安放在凯伊坦博物馆。第二次世界大战后，这座府邸曾被改为老人和残缺人之家。一八〇二年曾在庄园里办起过一座小学。阿里奥加拉早在一三七一年就曾在利沃里亚的编年史中被提及过。后来，它的主人曾是彼得·苏克什塔，他曾捐赠给教堂九十亩土地。接下来，卡其密什·查维沙还出资装修了教堂，兴建了一座祭坛和一座自家用的地下墓室。阿里奥加拉还曾先后归属于卡尔普家、提什凯维奇家。从十九世纪最后二十五年起，它便属于查别沃家。这家的人将府邸的中心和宫殿弃之不用，让公园长满野草，直到一九四〇年。"

我的受洗证明来自奥皮托沃基，是用俄文写的。我从未到过这座府邸。彼得·苏克什塔很可能就是那个日姆兹的地方执行吏，给全部动产列出了一份清单，根据一九三四年的《历史档案》，我把它写在下面，这样就可以使现在这个年份和一五八七年这个年份处于同等地位了。

以下就是一五八七年六月十七日列出的奥皮托沃基府宅的动产的清单，其中包含有我要带往华沙的家居用品。

狐皮镶边有拉毛衬里的黑色女上衣，一件绿色女上衣，灰色女外衣，带缝间的外衣，棕色亚麻布外衣，鲜红色亚麻布外衣，红布马甲，绿布马甲。

十二把汤匙，值五塔勒差六便士；六把汤匙，值两塔勒；四只杯子，值四塔勒；盛酒瓶的篮子，值十六便士；别尼亚什夫人的马刀，值二十便士。

锡器：大碗三个，小碗十个，大浅盘子十一个，碟子二个，盘子两打，阿吉英盘子九个，洗手盆一个，黄油盒一个，大小水壶六个，一夸脱容量的锅四只，大瓶、中瓶、小瓶四个，盐罐一个，烛台二个。

黄铜制品：碗三只，水罐两个，铜瓶一个，装水的水壶一个，铜烛台七个，薄片铜烛台两个，啤酒罐一个，另一个在奥维斯托夫，中号啤酒罐、小号啤酒罐，各有一个在奥维斯托夫，三条腿大锅两个，大平锅一个，小平锅两个，煎锅两个，一加仑的大肚罐子六个。

大铁链两条，厨房的链子一条。

盔甲四套，胸甲四套，钢盔四套，头盔四个，新马刀二把，大砍刀新的二把、旧的三把，火绳枪新枪两把、旧枪三把，吉乃特爵士的猎鸟火枪一支，简易火枪三支，长矛一把，圆盾一个。

轻骑兵马鞍两副，鞑靼马鞍一副，马具三套，新货车绳索一套，马靴三双，四轮马车新的加箍的一辆，双轮战车加箍的一辆，旧四轮马车加箍的一辆，四轮运货马车未装饰未加箍的一辆，土耳其头盔两套。

纺织用具，铁匠用具。

马匹：灰色乌纳霍德里克雄马一匹，灰色老雄马一匹，拉货的黑马二匹，其他拉货的马有卢什齐克马一匹，奥维斯托夫小马驹一匹、母马一匹，小浅棕色雄马一匹、母马一匹，栗色小马一匹。

给斯特茨基先生一百五十戈比，给舍姆贝洛瓦先生二十戈比，给雷吉娜小姐二十戈比，给波布罗夫尼茨基先生八十戈比……

箱子一只，内装已封好的信件。计有奥皮托沃基和奥维斯托夫的信件，由其兄弟封好，以及写在羊皮纸上的梅顶吉安的特许状，还有主人与其兄弟的来往短小书信。

奥皮托沃基和奥维斯托夫的田地里精心耕种的黑麦，还有蔬菜，上帝保佑，明年可以用这笔收成还清债务。

奥皮托沃基的动产：耕牛八头，租给保罗的一头耕牛，租给奥维斯托夫的米哈尔一头牛。母牛十二头，另有牛犊一头，老母羊二十只，羊羔十四只。

奥维斯托夫的动产：耕牛八头，在长工托马什那里有两头，其中一头公牛明年必须送去耕地。母牛和奶牛十七头，母羊和公羊四十七只，牛犊一头，还有今年出生的一头一岁牛犊。

其他小物品，以及未记录在案的，以后添加。

在这份财产清单上盖着一枚印章，并有“彼得·苏克什塔的亲笔签名”手书字样。

希文托布罗希奇　立陶宛语是Šventybrastis。brasta这个词的意思是浅滩。是指在涅维阿查河左岸的一座教堂和几栋房屋。它同样位于那条穿过奥皮托沃基的公路上，不过更朝北些，离凯伊坦十五公里，但仍在凯伊坦县内。引自《立陶宛大百科全书》的材料：虽然Š附近的一些地方，如长纳贝扎、希拉帕贝扎、多特奴瓦，都为骑士团所熟习，并在侵略立陶宛时遭到攻击，但编年史家却没有提到Ś。根据传说，Ś一度曾是异教的一处圣地。其周围都是橡树林，到第二次世界大战开始之时，那里还屹立着五棵挺拔的古老橡树，高达三十七米，树围达三点五—五点八米。Š这个地名很可能来自立陶宛语Śventas、波兰语Święty（意思是“神圣的”）和小河“布拉斯达”（它位于这条河边）。第一座木制的“我主变容”小教堂，是一七七四年由查维辛庄园主伊格纳齐·查维沙建立起来的。一八八〇年雅诺夫斯基扩建了它，加建了一座侧翼楼和一座钟塔。一九一五年钟楼上的两座大钟被卸了下来运到了俄国。一八六三年，俄国人在Ś附近靠近达尼利希基阿村的地方，和起义军支队打了一仗，在这场战役中起义军牺牲了二十五人，伤十一人，八人被俘。一八六三年十月二十日，A. 马兹凯维奇神父率领一支小分队，在同一地点袭击了俄国人，夺取了二十普特的火药和其他一些武器装备。就在Ś的教堂附近，在涅维阿查河和布拉斯达小河的旁边，埋葬着牺牲的起义战士们，那里立着一个纪念他们的木十字架。一九三八年，一座水泥的纪念碑取代了这个十字架。一九二八年，这座教堂被翻修一新，Ś成为阿皮塔劳基斯教区的一个分支。

我每天都要走过现代艺术博物馆所处的那条街，从那里可以越过旧金山湾看见太平洋。我有一次正好碰上博物馆一场关于未来城市规划的展览。它是建筑模型组成的，每座建筑物可容纳一百万居民。因此我不指望一座西比利庙堂会留存下来，在这座庙堂里，我的右脚上的鞋子会被保存，而我左脚上的鞋子会被丢失而成为抱怨的原因。不过，应该相信计算机的好奇心，它们的一伙人对任何事物都会加以考虑的，其中就包括我的出生，于是他们就会遇到应把我划归哪个国家去的困难问题。考虑到他们分析程序的某些特点，他们的困难是显而易见的。因为历史上的日姆兹是从波罗的海一直延伸到涅维阿查河。在河的东岸，也就是左岸，则是另一个叫做欧克什托塔的地区，而我是在左岸出生的。但是我们应该考虑一下我和拉乌达的关系吧，它是属于维留安城堡的。考虑到文佳戈拉就是历史上的日姆兹这个毋庸置疑的事实，以及来自奥皮托沃基的彼得·苏克什塔（奥皮托沃基是在河的另一边）是日姆兹的地方行政官。而更重要的是，一台理智的计算机是不会忽略气候和地貌的（关于这些资料是如何收集到的，在此我就不再赘述了）。仅这两项就足以容许我们决定，一个人是出生在日姆兹还是出生在欧克什托塔的。

在维尔诺，在保法沃瓦山街上（在波胡兰卡街的转角处），那座名为齐格蒙特·奥古斯特国王的第一国立男子中学，一九二九年我的毕业委员会主席是马里安·马索纽斯教授，此人毕业于斯特方·巴托里大学。他是个秃顶的、留着一部长胡须的老人。在《波兰哲学—作家辞典》中（华沙，一九七一年出版），有如下记载："谈及波兰哲学，马索纽斯主张：波兰思想界有一种基本上是经验主义的倾向，喜欢用归纳法思维，'对于思辨或幻想的思维方式相当不友好。'他认为实证主义倾向是波兰哲学的典型特征。至于波兰的形而上学，他认为则是受到更为浪漫主义的立陶宛的影响而形成的。"

现在我们在一起参加宗教仪式。
用水晶？用琥珀？是用音乐。
既不是过去有的，也不是将来会有的。
只是在世界停滞时才是其所存在的。

大斋节之歌

现在我的双手已经入睡，
我的双脚被梦所占据，
视觉和听觉已不再说谎。
既不远，也不近
一切事物既伟大又渺小。

我在大地上跑了很久很久，
经历过人世间的光明旅程。
我对别人进行评判，
却全然不知自己的价值。

给予我悲伤，甚至是绝望。
我不知道这标记是何意义，
在夜里常常被惊醒，
而语言也不给予帮助。

一面面镜子，在屏幕上的影子，
所有我所看见的东西。
我的脸孔看起来老老实实，
但它立即消失不见。
光亮喷射而出又熄灭了，
留下孤芳自爱在黑暗中。

海外之歌

我用一种不太为人知晓的非洲语言，
创作了我的作品。
即使《神曲》，也只能让人笑笑，
如果它的部族消失之后。

我被送到五颜六色的大陆的文明中，
放在海上巨龙的鳞片之间。
我在遥远的地方，从高处看见我自己，
就像一座小岛或一片云。

该完成的完成了，虽然并不完全。
这个维尔诺学生也许想有更大的成就。
谁获得很少，他将会被夺去。
将会有小小的胜利、不大的失败。

比我优秀的人试图调整他们的声音，
他们的名字受到野草的缠绕。
只有我留了下来，从混乱中调整好秩序，
因为我的头脑机灵狡黠。

我的头顶上每天都是已逝的帝国之鹰，
外省在燃烧，行星在消亡，
给不幸者以亮光和火山的岩浆。
由于无法知晓的原因。

谁能责备我，如果我在这里，
或者任何地方寻找我的祖国。
混淆着各种方言，使用外省的口语，
和海洋的合唱队混杂在一起？

我掌心里清澈透明的琥珀，
我们全都在它里面，随着琴弦的响动，
一首歌和跳舞的高贵客人们，
会一直让我们兴高采烈、快乐欢欣。

是时候了，既然我们已思考了足够长久的时间，那我们就应对在这里出现的一个角色进行评价了。这评价既不带特别的同情，也没有任何的偏见。我们并不打算写一份像临床诊断书那样的报告，这当然是不可能的。不过，可以希望，我们会遵照公正无私的原则。

他是个有学习能力的年轻人，但缺少才华。

别人是有才华的，比如他的朋友，那个诗人特奥多尔，
很久以后，这个朋友也搬到了他在波德戈那街五号的公寓里。
在这里，他住在一套丑陋的装饰着人造假花的房子里。
在此地，特奥多尔的腹部中了三颗子弹，距离很近。
这使他免除了穿越多个国境线的必要性，
他没有抓住大城市街上的一棵小树，当房
屋旋转倒塌，压在一个逃亡者身上，他
大声喊叫着："我在哪里？""我在哪里？"
他没有掌握种种技能，这些技能并不完全有用。
而是有害，因为它们消耗了我们的时间和意志。
同时他也被免除了妥协造成的滑稽处境，
也不用醉醺醺的胡言乱语来惩罚自己。

这个年轻人结构非常巧妙，
在他身上栖息着一个庸俗而疯狂的自我。
他要求爱、惊叹和喃喃的赞美声，
但是满足他的也许只有权力。
当他受到西拉丘兹暴君的邀请，
允许他去创造一种完美的国家。
（那时，他读起了《魔山》，而且
他总是站在赞扬恐怖暴力的纳夫塔一边。）

然而，即使事情是这样或者事情正是如此，
他的心里一片空虚，只有恐惧。
惧怕凝视，惧怕触摸，惧怕人类的道德，
对生命的畏惧甚至大于对死亡的畏惧，
大于对轻视和高度挑剔的畏惧。

因此,那年轻人正在思考家族的衰落,
思考着日姆兹无名小贵族的血脉的受损。
甚至会产生怪物和残缺的变种,
在愚蠢而贪吃的躯体里是精神分裂的灵魂。
他因为失败而对他父亲心怀怨恨,
因为一个人在旅行过北冰洋、萨彦岭和
巴西之后不应该只当个县里的工程师。
当他巡视了那些泥泞的公路后便借酒浇愁。

那个年轻人就是这样获得了灵感,
而这种灵感总是受到错误的理解。
不论是韵律还是咒语都无法提供词语,
于是他找呀找呀,以致多少岁月都流逝了。

才能是另一回事。特奥多尔正好拥有才能,
但才能却用短暂的报答来引诱我们。
而到现在,当特奥多尔的坟墓已经倒塌,
当德劳加斯在加拿大自杀,
当尼卡成了老太婆并将死于澳大利亚,
只有一首诗会让人想起特奥多尔的名字。
这首诗是口述的——因为不是手
写出了这首诗。而水、树木和天空,
天空对我们是亲切的,哪怕它是黑沉沉的。
而看到它的有我们的父母和我们的祖先,
以及祖先的祖先,从远古开始。
现在我们把这首诗安放在这里,像是铭文:

“大公国的最后一个可怜的行吟诗人。”

* * *

立陶宛，我的故乡。简单地、热忱地，
我重复我们祷告辞里的词句。
贫瘠的土地，矢车菊和蓟草的土地，
平坦海岸上白色教堂的土地，
大片雾霾和忧郁天空的土地，
芦苇沙沙作响的湖泊的土地。

立陶宛。有着干枯的悲苦的双唇，
既没有希望，也没有信仰。
我喃喃自语，呼唤你的名字，
而深沉的风摇晃着白杨树，
摇得歪斜树木的树叶沙沙作响。

一条条饥饿的大路通向那些休耕地，
一幢幢房屋投进朽败的墙壁形成的棺材，
仿佛是一群牲畜傍晚时分纷纷朝家走去。
而巨大的太阳像一只红色的水罐，
把鲜活的血泼向厚厚的云层。

立陶宛。持续不断的恶劣气候的故乡。
大风撕扯着它，像撕扯海岸边上的悬岩。
被世纪和神灵所毁坏，
从天空的白色剑鞘里拔出剑来，
倾泻下冰雹，让它劈头盖脑地砸下。

给予我们以激情，往我们嘴里放火！

安静。

——特奥多尔·布伊尼茨基

《波兰文学文献目录》，新科尔布特，在第八卷中，在尤策维奇·亚当·卢德维克的词条下刊载了以下的生平资料："笔名、匿名：L. A. J.；来自 POK 的 L. z……，卢德维克，来自波凯维的诗人，人种史学家。一八一〇年生于日姆兹的波凯维。曾在维尔诺神学院攻读神学。一八三七年获神父助手称号，担任希维亚多希奇教区的副主教。在一八三九年前后，与天主教决裂，转向东正教，并结了婚。在一八四一年编辑了一本名为 *Linksminė*（即《彩虹》）的新年刊。一八四四年成为列伯尔县学校的教师。一八四六年在那里逝世。"

尤策维奇神父被认为是立陶宛最早的人种学家之一。他搜集歌曲、成语和民间传说。他用波兰文写作。他也曾将密茨凯维奇和其他诗人的诗作翻译成立陶宛文。他所出生的波凯维庄园位于沙维尔县。上面所引的资料并没有让我们猜测出他转向东正教的原因，以及音乐在其中所负的职责。希维亚多希奇教区的这位代主教，或许并未注意到，不同性别的人们在一起阅读诗歌，或者在小钢琴旁共度时光，会产生多么有害的后果，这正像但丁《神曲地狱篇》中的帕奥罗和弗兰西斯卡，以及《先人祭》中古斯塔夫所表明的那样。而且他常常会去拜访他的邻居：地主米拉夫斯基家，并且致命地爱上了他们那富于音乐才华的女儿马尔维娜。

我在童年时就已熟悉了尤策维奇的一些著作。一八四六年，他的《立陶宛古代遗迹、风俗习惯的描述》由波凯维的卢德维克于维尔诺出版。在它的序言里有一段赞美立陶宛的语言。而对于采用外国的风俗和语言表示了悲伤，他还简略列举了"用立陶宛语言公开发表的比较重要的著作"。为首的是一些新教的译作和雅库布·伍耶克的《布道辞》，翻译者是米科瓦伊·达乌克萨神父。它是题词献给日姆兹主教梅尔奇奥尔·格德罗伊奇公爵的,是一五九九年在耶稣会学院出版社印刷的。作者还说:“第二个对本国文学作出巨大贡献的人是康斯坦齐·西尔维德神父,他是耶稣会教士,著名立陶宛语文学家和传教士。他的布道辞风格严谨,他的语言很纯洁,没有任何外来语的词句。”因为“不单是新教徒中才有热诚的基督信仰的支持者和乡村居民的朋友。不久以前,在我们的罗马教会里,就有一位出身于高贵血统的伟人,一位立陶宛君主的后代。这位终身为祭坛服务、德高望重的年迈老者,有着高尚圣洁的风度,从(如果我可以借用波兰一位伟大作家的话来说)他清澈的双眼,从他装饰了他那让人尊重的额头的一直披散到双肩的雪白头发,这就是这位值得众人敬重的神父,是日姆兹羊群的牧羊人,约瑟夫·阿尔诺夫·格德罗伊奇公爵。为了他,我们也应该有一部我们自己祖国语言的《新约全书》。”

这位作者还向多乃拉提斯致敬,他是长诗《一年四季》的作者。并且还赞扬了他同时代的用立陶宛文写作的诗人们:西蒙·斯塔涅维奇,迪奥尼齐·帕什凯维奇和安托尼·德罗兹多夫斯基牧师。他还发表消息称:“直到现在,我们还没有一本立陶宛文的历史著作。我只听说耶日·普拉特尔用本国语言写过一部《立陶宛历史》,但是,由于那位热爱祖国历史的年轻人的过早夭亡,那部历史至今还没有出版。我们希望(但愿成功)那位可敬的遗孀不会把手稿珍藏起来,而是尽快地将它出版。它将会是我们文学中最美的花朵之一,是悬挂在记忆和荣誉的庙堂上的一只花环!”

然而这位遗孀并未挂上花环,因为,我们姑且猜想,她正是尤策维奇神父在下文所引用的呼吁文章中所指的那些无动于衷的人们之一:

“不幸的是,听得懂我们祖国语言的人不多,会说这种语言的人就更少了,如果不是因为这样,我们或许还能摆脱自己对于我们的民族语言所持有的偏见。遗憾的是,就连今天的立陶宛诗人,也没有用立陶宛语来写作!现在已到了该让我们抛弃这种根深蒂固的习惯的时候了!现在已到了恢复我们的理智、把外国语的知识和我们老祖宗使用的语言的知识结合在一起的时候了！——因为语言是一个民族的财产，任何人都不应该忘记他们祖先所说的语言！”

我来了，卢德维克神父，啄木鸟在敲击着松树。
经过多年的喧哗和骚动后，一匹小马驹在马厩里活动。
你瞧，我已经不太习惯那些壁式的烛台，
而悲伤与可笑的一切都落到了你我身上。
在游吟诗人中，谁也不再使用他们祖先的语言。
无论是谁，一旦忘记了它的声音，就会永远把它忘却。
后来，还有许多你不知道他们名字的人，
例如，诺尔维德、贡布罗维奇，两人都来自日姆兹，
我们都不是立陶宛诗人，我和立陶宛人特奥多尔都不是，
只有在遥远的城市里，弓身在希腊语或梵语辞典上，
我才会擦擦我的额头，想一想，我以前一定见过这个词，
在收割黑麦的河畔、在万灵节的墓地里。
我在那里生活了很久，一百年的许多倍。
农奴和仆役们的命运占据着我的良心。
除了我，还有谁思索过雅丘利斯的生活，
还有他的妻子和儿子格里高利，还有四个女儿。
以及马杜利斯、普拉尼阿利斯、安布罗热和他们的姐妹波沃尼亚，
拉伊纳、多休塔、布伊吉斯和米克·日莫伊迪维奇及
其妻子卡休娜，以及瓦夫林、米沃沙提斯的生活？
是谁亲手把他们的骨灰变成了字母？
然而它们，卢德维克神父，并不是某种虚伪的谦卑，
不过，让我们打个比方，它们像撕开的一片云。
或者是风习用它那热情和温情、喋喋不休的声音欺骗我们。

大地的真实不是这样，我们通过它的肉和血了解它。
我记得许多活人，我就不像别人那样孤立无援。
我会选择渺小，因为伟大也会以同样方式消失。
让我把我的那些书放在你箴言所放的同一地方。
在散发出姜味的书架上，在那些立陶宛条令的旁边。

卢德维克·亚当·尤策维奇把迪奥尼齐·帕什凯维奇（他在自己的诗篇上署名为迪奥尼查斯·帕什卡）称作是“为民族光荣而写作的最勤奋的人”。他是个日姆兹的贵族，在他位于波尔达庄园内的一棵被称作“保布利斯”的大橡树的树洞里，建起了一座本地工艺品博物馆。

巨大的保布利斯是否还活着？在它几个
世纪形成的巨洞里，就像在很好的家里，
能让十二个赴宴的人围桌而坐。

游吟诗人密茨凯维奇这样问道，尽管他不会不知道，保布利斯由于衰老而枯死，一八一一年就被砍倒了。

卢德维克神父对帕什卡的警句颇为赞赏，并且引用了其中的一首，“是我本人听诗人亲自对我说的”。

这首诗是由下面的事件提供的：嘉年华会期间，邻居们纷纷赶着马车来到帕什凯维奇那里，一辆赶在最前头的马车出了事故，翻倒了。坐在车里的一位夫人丢了一只手袋，里面装有一只心爱的金鼻烟盒。一位姓林德的军官骑马跟在后面，他没有看见，便将它踩碎了。到达以后，这位夫人激动万分地向那位立陶宛诗人讲述了金鼻烟盒的整个悲剧事件。帕什凯维奇回答道，如果你真是这么可惜你的鼻烟盒，那么就在它结束它存在的那个地方，立座纪念碑，刻上我为你写的一首小诗：

Cze buwa tabakiera,

O dabar czios niera.

Nes tas Linde Pasiutis,

Prawaźiawo nepajutis.

这里的立陶宛文书法并不是最美的,而内容也不深奥。其意思大致如下:这儿曾经有只鼻烟盒,现在它没有了,因为那个疯狂的林德没有注意到它,把它踩碎了。

在科甫诺的大路上,那里的海豹在云后面吠叫;
从海洋驶来的轮船,驶入由悬崖峭壁构成的大门。
在我们朝圣的这个短暂的栖息处。
不是由于人的劝说,劝说或者怂恿,
使我们知道,世上没有比死亡更肯定的事情。
为了未来的子孙后代,为了人类的需要,
我将捐出我的领地,和属于领地的全部财物。
森林、小树丛、湖泊和美貌夫人们的丝带,
以及纯金的鼻烟盒。我作为一个
在城镇之间流浪的漂泊者,
以及我所拥有的一切,我亲手的签名。
但愿我们或我们的后代离开本国到外国去的时候,
这些诗句能够保存下来,哪怕是写在廉价的纸上。
作为证据,以证明反抗权杖的毫无益处。
我们想要的是为了自己,但结果却不是为了自己。
从悲惨和痛苦接受下来的,却变成了赞扬,
从刚想要说出的抱怨中,产生了感恩。
因此,我们出于自由意志而成了生存的参与者。
在我们接受和挚爱上帝的话语之后,
遵从我们古老的虔诚的祖先的榜样。

既有立陶宛的祖先，也包括罗斯的祖先，
在我们无法移动的领地上，不受地球人冒险的经历。

注解：在这个记录中使用了从十六世纪的遗嘱和赠予新教的档案中的一些句子和形式，还包括国王齐格蒙特·奥古斯特所给予大公国的天主教贵族与非天主教贵族同等特权中的句子和形式。（根据波兰和立陶宛的宗教改革纪念碑，维尔诺，一九一一）

四　在城市上空

1

如果我是个负责任的人，
那也不会对一切都承担责任。
我并不支持哥白尼的论点。
在伽利略的事件上，我不表示支持或反对。
我的船从未从池塘驶入过大海。
当我出生时，火车已在铁轨上奔跑。
车轮和活塞发出的响声交织在一起，
穿过早已被砍光的森林。
住在这一地区的有老百姓、犹太人和士绅。
赶着马车去购买煤油、鲱鱼和盐。
但是他们在城里是用电来照明。
据说有人发明了无线电报。
书籍已写出，各种思想已被彻底讨论。
斧头正朝着树干砍去。

2

“凡是把别人引进奴役的人，他自己也会走进奴役。”我在地球这座星球上的时代就这样开始了。后来我在大海边的一座城市里当了一名教师，我正在转身背对着黑板，他们可以读到我在黑板上用歪歪扭扭的笔迹写下的“圣徒马克西姆”和日期“580–662”。他们的许多面孔在我面前显现，男孩和女孩们，他们出生的时候，我正在创作那首将在纪念典礼上宣读的挽歌的第一节，而他们在我想方设法还未完成那首长诗之前就已经长大了。接着我放下粉笔，对他们说了下面的一席话：

“是的，无法否认，异乎寻常的命运降临到我们人类的身上，正是圣徒马克西姆想要保护我们以求避免的那些命运。那时他已对理性的真实性所包含的魔鬼般的诱惑力产生了怀疑。然而，尽管我们老是听见所有的人都在劝告我们要清楚地了解其因果关系，但我们还是要小心提防那些虽说完全合乎逻辑，但却有些过于急切做出的论断。的确，如果不知道这股冲昏我们头脑的力量来自何方，或者它要把我们带往何方，那是会令人苦恼的。但是，且让我们保持克制力，只接受那些在我们的意图里只局限于陈述而不是任何其他的东西。让我们这样来阐述这一点：是的，普遍性正在吞吃掉独特性，我们的手指上戴满了中国戒指和亚述戒指，文明是短暂的，短得像我们生命中的一个星期，长久以来被尊为祖国的地方，笼罩在橡树下的地方，现在只不过是地图上的一个，而我们自己的姓名，每天都会丢失一个字母，虽然我们仍然靠姓名来区分你和我。”

3

从前，他们生活在此地，以太阳的高低来区分岁月。
在圣米迦勒节过后，在烟和雾里，当天使向种子宣告。

在整个降临节和三日斋的四个星期天里，
直到瞎子、跛者和驼背者欢呼，掌权者颤抖。
世界上的圣贤穿过雪地，保护着没药，乳香和黄金。
森林里的树木因严寒而裂开，拿走了小教堂的蜡烛。
他在格耐扎勒特游荡，是他们跳熊舞的时候了。
在大斋节响起的低音提琴和鼓，一直响到圣灰星期三。
这里又有了小太阳//使冰冻的大地温暖起来。
骑马驶过绿绿的麦田//手握棕榈叶//国王进入了耶路撒冷。

4

这是一艘船，形状像三层船，或像埃及的帆船。

无论如何，天神们习惯把手窝成杯状放在嘴上，大叫着，从一个小岛到另一个小岛。

它由一只小马达驱动，随着太平洋的第九个浪潮驶来。

随着海浪的沙沙声，它头朝上搁浅在海滩上。

他们在跑，他们人很多，在甲板上，在桅杆上，都是混杂的裸体。

直到整个船上挤满了人，就像一只扇动着翅膀的飞鸟。

他们全都是来自二十世纪末年的男男女女。

我醒了,懂得了其中的含意,或者说,我几乎懂得了。

5

无法忍受的一生,但还是熬过来了。
春天,牛羊被赶到牧场上。现在语言背叛了我。
我不知道这块土地该叫什么名字,
从村里最终端的房子到森林边上,都围起了栏杆。
(我一直缺少言辞,我从来都不是个诗人,
如果是诗人,言辞会给他带来愉快)。
因此,这里只有老牧人和他的包袱,
和打着十字形绑腿的双腿,以及最长的鞭子。
他身边有两个男孩,其中一个拿着桦树皮喇叭,
另一个拿着用绳子绑住枪管的老式手枪。
他们确实被看见了。在希尔文泰或在克林基斯凯。
当我还没有走进我的修道院之前,
光线射在一根永远明亮的沙岩圆柱上。
今天依然如此,就像法兰西国王的时代一样。
因为我很想能博得一天的理解。
或者哪怕是一秒钟的理解,当那三位
以其独特的存在现身出来时。

6

我用了很长时间才学会说话,现在我一言不发,而让日子流逝过去。

我不停地惊异于我出生的那一天，但仅有一次，是从时间的开始到结束。

我被一个轻率的女人生下，我和她连接在一起。我，这个老人，在梦里充满了对她的怜悯。

她的滑稽可笑的衣裙，她的舞步，如今已全然消失，但又变得如此亲近。

并且用一个不同于原先的名字叫她，那是孩提时的唯一名字。

同时也意味着调整自己，忘记自己，把自己数一数。

啊，原则性的个人主义发生了什么？何时发生的？

那长在河边散发出独特香气的菖蒲在哪里，那棵属于我而不属于任何别人的菖蒲？

是哪片被烧焦的草地，她曾怀抱着我跑过的那片草地，

为了保护她的儿子，免遭野兽的獠牙撕咬？

我的记忆关闭了，我不知道真正的我是谁？

我完成了什么，我曾否帮助过别人？

她把我奉献给奥斯特罗尖门的圣母。

她是否听见了又怎样听见她的祷告？

一个没有手的表演者带着自己的蝴蝶标本。

湖边的一个渔夫，为他的这一地区的最好渔网而感到骄傲。

一个园丁在栽培来自海外的果树。

一切都被夺走了，勾销了。我们全部的宝藏。

于是，在黑暗中的法庭上，只有我们自己。

我们听见了身边的嗒的嗒的脚步声，这表明她已宽恕了我们。

7

赫罗宁先生，他拉着我的手臂进了公园，
在林荫道的转弯处，那里长有塞雷斯苔藓，
那是一片伸展到草地小河和整个山谷的广阔景象。
一直可以看到森林后边的小城教堂的塔楼。
而他正在啪啪地开合着他的鼻烟盒，不慌
不忙地讲述着他在彼得堡或那不勒斯的冒险经历。
他风趣地描述着各个不同的国家，
他特别详细地讲述了波列西奈的沼泽地带，
那是他有一次从威尼斯到拉韦纳途中经过的，
他倾向于认为，那个省份的耶稣会教士

把北方的沼泽地带也命名为波河平原。
后来他回忆起圣日耳曼爵士的事情,
或是关于那本失落的《象形文字之书》。
恰好那时,太阳正在我们的国土上西沉。
而他还来不及把他的手绢放进他的口袋,
鸟儿就仿佛到了黎明时刻那样鸣叫起来。
到了中午,黎明的曙光便喷射出光芒万丈,
越来越快,越来越快,半个小时的一个世纪,
赫罗宁先生在哪里? 我在哪里! 这里一个人也没有。

五　短暂休息

1

生命是无法承受的,但却熬过来了。
谁的生命？我的,但这意味着什么？

在短暂休息时,我吃着用纸包的三明治,
我站在大墙下,陷入了粗犷的沉思。

而我也会成为我从未成为的那个人,
而我也会得到我从未得到过的东西。
窗外雪中的寒鸦会让我想起另一个我,
不是那个正在用我的语言思考的我。

假如他们在说,我所听到的只是赫拉克利特河的流水声,
这就足够了,因为仅仅是听着,就把我累坏了。
书记员们在黑暗房间里打着算盘在数数。
或者是赶着一群牲口从大火烟雾中走出。
丢弃的衣服还短时内保持着手和肩膀的形状。

松针落在了一只长毛绒的泰迪熊身上。
而新的人群带着他们众多的大车和一门大炮
在东哥特人的营地里又有什么值得我关心呢？

如果我的初恋已梦想成真，
如果我走在海港街上感到幸福。
（可是这条大街并不通向任何港口，
它只通向锯木厂后面的潮湿的木堆）。
假如我被列为城市的长老出使国外，
假如我们曾和费拉拉缔结了同盟条约。

不论是谁，只要他出生在地球上一次，
就可能是伊希斯曾在他梦中出现过的人，
并曾献身于一种秘密的仪式，
后来他便说道：我看见了。
我在午夜时看见了灿烂夺目的太阳。
我曾踏进普罗塞尔皮娜的门槛。
我经历所有的自然元素，我回来了。
我来到地下和天上所有神明的面前，
我面对面地向他们顶礼膜拜。

或者是一个角斗士，一个奴隶，
在一块光滑的石头上有一行题词：
"我不曾存在，我存在过，没有我，
我什么也不关心。"

2

——尊贵的旅人，你从哪里来到我们这里？

——我的都城，在长满树木的丘陵的山谷中，
在两河交汇处有座碉堡式的城堡。
因其有华丽的神殿而声名远扬：
有天主教堂、基督教堂、犹太教堂和清真寺。
我们的国家种植黑麦和亚麻，同时也运送木材。
我们的军队是由一个轻骑兵团、
一个龙骑兵团和一个鞑靼骑兵团组成。
我国的邮票
描述的是幽灵，
许久以前由两个艺术家雕刻而成，
他们是朋友或是仇敌：彼德罗和吉奥万尼。
我们的学校教的是教义学，护教学，
从塔木德经和提图斯·李维引用的摘句。
亚里士多德受到高度评价，
不过还不及对套袋赛跑和圣约翰节前夕
跳火堆比赛的评价。

——高贵的旅人，你的永生永世是什么样？

——是喜剧性的。因为暴恐已被忘记。
只有可笑的事物才会被后代记住。
伤病而死，被勒死，饿死都是一种死，

但愚蠢行为却屡次出现，每年都会花样翻新。
我参与了愚蠢行为，我打好了领带。
我不知为什么，我跳舞，我没有任何目的。
我是个顾客，羊毛衫和润发油的买主，
一个滑稽模仿者，一个胆子不大的客人。
一个觉得自己在橱窗里的映像很神气的花花公子。
我的年纪是次要的，我的智慧是二流的，
我身上长满了无意识的树皮。
我力图想象出另一个地球，但却想不出，
我力图想象出另一个天堂，但却想不出。

3

在所有被时间打败和释放的人们中，
有一种默契和一个盟约。
他们敲打着锤子，把卷发纸放在头发上，
为了紧急事务走在弯弯曲曲的走廊上。
有跛子、妓女、骗子和权贵们。
他们城市持续的时间是没有尽头的，
尽管他们将不再买进或者卖出，
也不会去嫁一个丈夫或娶一个妻子，
他们在镜子里不会被自己或被别人看见。
他们的亚麻布、呢绒、印花布和锦缎，
它们没有按时送来，而是迟晚了一些，
它们被卷了起来，微微发亮，发出沙沙声，
在路灯或者太阳的一动不动的光线下。
他们相互原谅，被别人原谅，

我的这些使者,一伙不苟言笑的随从,
虽说他们从未停止在街上和广场上的工作,
同时(正如我们习惯常说)在那里又在这里。

4

我想要成为一个伟大、光荣和有权势的人,
但不是在一个名气不大的城市里。
所以我才逃到一些国家,它们的首都,
有着白炽路灯下光亮夺目的林荫大道。
而且许多地方还有爱奥尼亚式的圆柱。
我没有学会珍视在那里获得的荣誉。
在每种形态中都会显现出沙土的平原,
于是我继续逃走,逃到了大都市的中心,
原以为那里会是个中心,但是那里没有。
我本来应该为我披露的妄想而哭泣,
如果我们还保存着为罪孽而哭泣的习惯,
至少我会在石板上叩头祈求宽恕,
并且转向我的那些沉默寡言的随从:
告诉我,为什么是我,为什么正好是我?
那些爱得真切和强烈的人又在哪里?
如果他不想忠贞的话,他是否应保持忠贞不贰呢?

5

我曾许下誓愿,是什么誓愿我就不记得了。
我曾佩戴过银色徽章,后来是金色徽章。

我宣过誓,在神秘会所和秘密工作者俱乐部。
以人民的自由或以兄弟会的名义起誓,
并不是那个想要正直就能成为正直的人。
我并没有对口号和长官唯命是从,
某些地下的懒洋洋的幽灵在树根底下。
显然是已经作出了不同的安排,
同时对我的道德品格发出低声的嘲笑。
他们关注于正当杀人这个重要的话题。
我的目光敏锐的伙伴们困惑不安地望着我,
当我走过他们的桌旁,一个天真的鲁特琴手。
他们在下国际象棋,以决定谁去执行判决,
我原以为他们参加比赛只是为了娱乐。
我是多么羡慕他们啊,他们如此庄严高贵,
他们摆脱了那种令人感到可耻的秘密,
而这种秘密我是谁也不能告诉,
这就像安徒生童话中的美人鱼一样。
我想要正确地步行,却感到隐隐的痛楚,
这让我想到,我做的事都是在模仿别人。

6

这个大城市正逢节日,
街上禁止通行,只有游行队伍。
一座神像缓缓地移动:
那是个四层楼高的阳具。
一群男女祭师围着它跳舞。
在基督教的教堂里都在举行祈祷仪式,

那里的礼拜仪式包括了讨论，
由一位身着复活节法衣的牧师主持，
讨论我们是否应相信死后有来生，
然后让大家投票来进行表决。
于是我去参加了一个晚上的派对，
在一座山坡上的玻璃房子里
他们沉默地站着，观看着星球上的景观：
这片因金属或者盐而闪闪发亮的平原，
被侵蚀出一条条沟壑来的苦艾色土地，
在远处的顶峰上屹立着白色的观象台。
在一片深红的霞光中，太阳下山了。

在枪击和痛苦、悲歌和哀叹之后，
撕开绷带和破坏印章的并不是我。

如果我是个无知无识的孩子，
只是通过我的声音来说话，那又怎样？

谁又能说出，命运想实现什么样的目的，
只在世上生活一次，是太少了，
还是太多了。

六　控告者

你说出一个姓名，却没有人知道。

也可能这个人早已死去，也可能
他是另一条河岸上的名人。

　　基亚罗蒙特
　　米奥芒德尔
　　裴多菲
　　密茨凯维奇

年青一代对于某地和过去
发生的事情毫无兴趣。

你的老师们一再重复的话：
“生命短暂，艺术长存”，那又怎样？

他们戴着桂冠的骗局即将结束。

难道你还要继续对自己说：“我不会完全消亡？”

啊，是的，我不会全部死去，我会留下
一个条目，在大百科全书的第十四卷上，
在一百个米勒斯和米老鼠的后面。

一个旅人。很远很远。太阳低垂。
你坐在壕沟里，把小刀切下的面包
送到你那长满胡须的嘴里。那里奢侈豪华，

游行队伍，马车，花丛里的青春年华，
不久前你曾是他们中的一员，现在你是旁观者。
儿子们骑马前行，却不认识你。

你不喜欢这个话题，好吧，那就换一个，
我们谈谈黎明前的那些中世纪的对话。

我最仁慈而尊贵的身体，
我，你的灵魂，你慷慨陈词，我命令你：
是起床的时候了！快去核对日期。
有许多任务必须今天完成。
再为我服务一会儿，就那么一点点，
我不知道在你的黑暗隧道里出了什么事。
我不知道你何时会拒绝我、推翻我。
到那时，你的宇宙会凝结、会崩溃。

而你，作为回答，你会听到：骨头裂开，
暗黑色的血在加速的节奏中咕噜着。

紧接着疼痛便用脸上的表情来回答。
一声巨石的咯咯声，低语声，判决。

承认吧，你曾经憎恨过你的躯体，
因为你深爱它而未能得到回报。它没有
满足你的高度期望。这就好似你
和某个不停躁动的小动物被锁在一起，
或者更糟，和疯子，而且是和斯拉夫疯子锁在一起。

多么美丽，多么光亮。一声回音。
你俯身探出火车窗外，后面是铁路信号员的房子。
孩子们摇着手绢，森林疾驰而过。回声。
这不就是她，身穿金线刺绣的长裙，
一步步走下楼梯，你所喜爱的人。

地球上所谓的景点，但不是很多。
你出去旅游，但你没有看够玩够，
春之舞在继续，但没有跳舞的人。
事实上，你可能从来都没有去过那里，
一个纯洁而鄙夷不屑、毫不在意的精灵。
你想去看、去尝、去触摸，除此之外别无他求。
不为任何人类的目的。你是个过客，
你使用手、脚和眼睛。
正如一个天体物理学家使用发亮的屏幕，
他知道他所了解的东西早已消亡。
“温和忠诚的动物”。怎么会和它们在这里，
如果它们在奔跑、在追求，当这些都已消失之时？

你还记得你的《教会史》课本吗？
包括扉页的颜色，走廊的气味。
的确，你很早就是诺斯替派教徒、马里昂派教徒。
是摩尼教派毒药的秘密品尝者。
他们从我们光明的祖国被扔到了地球上
俘虏们会被送给黑暗的执政官进行肉体的消灭。
他的房子和法律。这只鸽子在布法罗山的上空，
也是他的，正如你是他的一样。你来吧，火焰。
火光一闪——世界的基础便遭到毁灭。

这罪孽，这过失。你又能向谁申诉？
我知道你的显微镜，你的成果，
你的秘密，和你为固执任性而忙碌
的一生，没有跳出固执任性的一生。

在六月的一天，在六月的一天，
在一把扶手椅上装饰着牡丹和茉莉的花环。
你的一双短腿摇晃着。大家在鼓掌叫好。
由男女农民组成的合唱团正在唱一首歌。

直到你来到了十字路口。那里将有两条路。
一条难走，朝上，另一条好走，朝下。
你要走朝上那条路，会把你带到城堡。

道路蜿蜒而上，伴和着鼓与笛的响声。
在弯道上转着圈，那里的蜜香味越来越浓。

筐形的蜂窝，它们的稻草像黄铜般光亮，
成排成排的向日葵、百里香。
有四座塔楼，面向东西南北，
当你走进大门，他们好像是在等着你。
万籁俱寂，在一个玫瑰花园里，
它的周围，是广博的绿色丘陵，
蓝绿色的，一直向上延伸到云际。

小路上的石子吱嘎响起，突然像在梦中那样飞了起来。
在大理石基座上，立着白色和黑色的狮身鹰首像。
昏黑大厅的镶木地板，人们的确在等待你的到来。
你不用自我介绍，这里的每一个都认识你，爱你。
眼神对着眼神，手握着手，多好的相处，
多美的被挽救的世代相传的永恒的音乐。

不论那个人是谁，从服饰看出，他是普罗旺斯人，
当他向美丽的夫人们、老人们和年轻人说的话，
也就是你的话，仿佛他和你早就是一个人。
"这就是那把分开了特里斯坦和伊索尔特的剑，
它向我们揭示出生命和真理之间的矛盾。
在忘却的世俗年代中是我们的运动和休息。
在我们为最终日子所作的祈求中，是我们的安慰。"

什么城堡也没有。你不过是在听唱片。
一根针，在一片冰冻的湖面上轻轻摇晃，
把死去的诗人们的声音引导到阳光下面，
这时候你厌恶地在想：

兽性（Bestiality）
兽性（Bestialité）
兽性（Bestialità）
他们之中是谁把我释放，
从我的时代遗留给我的知识中？
从无穷中相加，从无穷中相减。
从能把自己提升到星星那里的真空。

喉咙。
窒息。
手指按压
进肉里。
它片刻之后不再存活。
赤裸裸的一堆，
颤抖着。
无声无响地
在厚玻璃的后面。

如果你就是那个在厚玻璃后面的观察者？

不过，这是发生在很久以前，在埃克巴坦那、
在埃德瑟，如你所愿。就算它是，一种编年史。
其中记载的并不确切，也缺乏证据
来反对你们，更不是反对你个人。

你们匆匆赶去安排你们的农事。
打碎牌匾，把它们运走。血迹

被人用肥皂、沙子和漂白粉从墙上洗净。

在南方城市某处的一张理发椅子上。
夏日的酷热，叮当声，一只手鼓，
在街道中间有位女祭司，
在一圈围观者中间摇晃着她黝黑的肚皮。
而在这里，他们在修剪你灰白的连鬓胡子。
啊，皇帝
弗兰茨·约瑟夫，
尼古拉，
自我。

——是的，我已学会和我的悲伤相处。

——似乎把话语组合在一起会有所帮助。

——不对，还有别的，仁慈和美貌。
我向它们致敬，我崇敬它们，
我给它们带来了礼物。

你什么都不用做，只是重复说：
只要我来得及。
只要我来得及。

你很想引导一群人，穿过一座
神殿的圆柱，举行一次赎罪的仪式。

赎罪仪式？在哪里？什么时候？为谁？

七　冬天的钟声

当我前往特兰西瓦尼亚山区，
穿过森林、荒原、喀尔巴阡山脊，
在傍晚时分停留在一条浅滩旁。
（是我的同伴们打发我走在前头
让我去探路的）。我放马去啃草，
并从鞍袋中取出了《圣经》；
天色如此温柔而亲切，溪流声是如此美妙，
我低头读着保罗的书信，
观看天上的第一个星辰，
我摇了摇头，渐渐进入了沉睡。

一个穿着华丽的希腊服装的年轻人，
拍拍我的胳臂，开口说道：
“时光对于凡人来说就像水的流逝，
我曾下到过深渊，并探究过它的渊底。
我在科林斯时被严厉的保罗训斥过。
因为我窃取了我父亲的妻子，
他下令将我永远驱逐出宴会，
再也不让我和他们兄弟般地坐在桌旁，

从此我再也没有参加过圣徒们的聚会。
多年来我受到罪恶爱情的诱惑，
对一个可怜的玩物动了激情，
因此，便遭到了永久的毁灭。
我所不知道的，我的主，我的上帝，
用他的雷霆闪电把我从灰烬中拉出。
在他的眼里你的真理不值一文，
他的仁慈拯救了所有世人的肉体。”

我在一片广阔的星空下醒来，
得到了从未期望过的帮助，
免除了我们渺小人生中的烦恼，
我用手绢擦着被泪水浸湿的双眼。

不，我从未去到特兰西瓦尼亚，
也从未从那里给我的教堂带过信息。
但我本来是可以的。
这是一道文体的练习题。
未完成体国家的
过去时。

但是，我现在所说的并不是编造出来的。
那条几乎正对着大学的狭窄街道，
确实是被称为文学胡同。
在转角处有家书店，但摆放的不是书而是纸，
一直堆到天花板。没有装订，只用绳子捆着。
有印刷的，有手写的，有拉丁文的，有西里尔文的，

有的用希伯来字母。是一百年、三百年以前的。
现在我认为，它可能值一大笔钱。
从这家书店望过去，斜对面那里
也有一家同样的书店。
两家书店的老板长得很像：灰白的胡须，
黑色的土耳其长袍，通红的眼睑。
从拿破仑经过此地的那一年起，他们都没有变化，
直到现在这里也依然如故。是岩石的特权吗？
永远如此，因为他们喜欢这样。在第二
家书店后面，沿着墙拐弯，经过一座房子，
在那座房里，有一位我们城市的著名诗人，
写过一个关于公主“格拉席娜”的故事。
再过去是一扇嵌满钉子的木头大门，
钉子大如拳头。在拱顶下，在右边，
楼梯散发出油漆的气味，我就住在那里。
并不是我特意挑选这个文学胡同的，
而是碰巧那里有一间房子要出租。
天花板很低，有一扇凸窗，一张橡木床，
严寒的冬天，有火炉把房间烧得暖洋洋。
火炉需要消耗大量木柴，
那是老女仆阿兹贝塔从门廊搬拿过来。

看来没有什么新的理由，
（因为我已去过许多遥远的地方，
比越过高山和森林的路程更远的地方，）
让我回忆起那里的那间房子。

然而我是属于那些相信 apokatastasis（复原）的人，
这个词是许诺逆反倒转的动作，
不是凝结在 Katastasis（高潮）里的，而是
出现在法令第三条、第二十一条里的那种行为。

它是指“复辟”。尼斯的
乔治、约翰斯·斯科杜斯·艾留格斯、
卢斯布鲁克和威廉·布莱克。

因此，每种事物，对于我，都有双重存在，
既在时间之中，以及当时间不再存在之时。

随后的一个早晨。在刺骨的严寒中，
一切都是冰冷的。在那昏昏欲睡的雾里，
有一片天空充满了深红的亮光。
雪堆，被雪橇弄得滑溜溜的路面，
还有烟雾和一团团蒸汽，也都变成粉红。
附近有铃铛的叮当声，再远一些，是长着
长毛的马，身上盖满冰霜，每根毛都显露出来。
然后，钟声响了起来。在圣约翰教堂，
在圣伯纳丁教堂，在圣卡西密尔什教堂，
在大教堂，在传教会教堂，
在圣乔治教堂，在圣多明戈教堂，
还有圣尼古拉斯教堂、圣雅各布教堂。
好多的钟声。仿佛拉着绳索的手
要在城市上空建起一座庄严的大厦。
这样，披着斗篷的阿兹贝塔可以去往晨祷。

关于阿兹贝塔的一生，我确实想过很久。
我可以一年一年计算下去。但我宁愿不那样做。
年代又算什么，如果我看到了雪和她的鞋子，
滑稽可笑的，尖尖的头，边上有纽扣。
我也一样，然而肉体的骄傲
既有开始，也有结束。

胖乎乎的天使又吹响了金号角。
而身穿十字褡的佝偻着腰的神父，
今天我想把他比作一只甲虫，
来自卢浮宫博物馆的埃及展区。

我们的姐妹阿兹贝塔在和圣人们交流——
和女巫们交流，他们在云雾笼罩的
三位一体圣像下，被压在轮式刑具上筋断骨折，
直到他们承认他们晚上都会变成喜鹊。
和供主人玩弄取乐的女仆们交流，
和收到离婚书的妻子们交流，
和夹着包袱等在监狱墙外的母亲们交流——
用她乌黑的指甲追随着一个个字母，
当合唱队的指挥，一个献身者，一个利未人
正走上阶梯，唱着：Introibo ad altare Dei.
Ad Deum qui laetificat juventutem meam.[①]
Prie Dievo kurs linksmina mano jaunystė.[②]

---

① 拉丁文，我将颤抖着走向主的祭坛，祭坛会使我的青春对主感到欣慰。
② 立陶宛文，到宽慰我的青春的天主面前。

Mano jaunystė.[1]
我久久地在仪式上
摇动着香炉，而我的话语的烟雾
在这儿冉冉升起。

在祈求中需要多长时间提高我的声音：
Memento etiam, Domine, famulorum famularumque tuarum
Qui nos praecesserunt.[2]

Kurie pirma musu nuėjo.[3]

这是哪一年，很容易记起。
这是我们山里的桉树林被冻死的那一年。
那时，人人都可给自己的火炉取得免费的木柴，
以抵御从海上刮来的狂风和暴雨。

早晨，我们用链锯来锯开木头，
而它是个强大而暴躁的小矮墩，
在燃烧时噼啪作响，冲来冲去。
在我们的下面是海湾，嬉戏的太阳。
通过赭色雾气可以看见旧金山的塔楼。

永远是同样的不愿意原谅的意识。

---

① 立陶宛文，我的青春。
② 拉丁文，主啊，请记住你的男女仆人，那些先行于我们的人。
③ 立陶宛文，那些先走的人们。

也许只有尊敬才能拯救我。

如果不是他,我不敢大胆宣布预言家们的誓约:

“凡是被创造出来的,也能够被毁灭,形式却永远不能。
橡树被斧头砍倒,羊羔被刀杀死,
但是它们外部的形式永远存在。阿门。哈利路亚!

“因为上帝自己永远和那些进入死亡之门的人一同进入,
他和他们一同躺进坟墓,躺在永恒的幻象中。
直到他们醒来,看见耶稣,看见放着的亚麻布衣服
那是女人们为他们纺织的,看见了圣父房屋的大门。”

而如果在下面的这座城市被大火烧毁,
连同所有大陆各洲的城市。
我也不会用我沾满灰烬的嘴说,这不公平。

因为我们生活在审判之下,对此我们什么也不知道。
这场审判开始于一七五七年。

虽然不能完全确定,也许是在另一年。
它将结束于第六个千年,或者在下星期二。
造物主的作坊突然安静下来。无法想象的安静。
每一颗种子的形式都在光荣中恢复原状。
我因绝望而受到审判,因为我不能理解这一切。

伯克利　一九七三至一九七四

珍珠颂

（一九八一）

魔　山

记不清了，布德贝格是何时去世的，两年或者三年前。
陈也一样，是去年或者前年。
我们刚到不久，这个特别温和的布德贝格
就说起他一开始很不习惯，
因为这里没有春夏秋冬。

“我不断地梦见白雪和白桦林。
这里几乎没有四季，也看不出时间的流逝。
你会看到，这里是一座魔山。”

布德贝格，我童年时就知道的家族姓名，
他在凯伊坦县一带非常有名，
那是一个俄国家庭，波罗的海德国人的后裔。
我没有读过他的任何著作，太过专业了。
而陈好像是个杰出的诗人，
对此我应该相信，因为他只用中文写作。

炎热的十月，凉快的七月，二月树开花，
蜂鸟的交配飞行并不预示着春天的来临。
只有忠实的枫树每年毫无必要地掉落叶子，
因为它的祖先们只学会了这一招。

我觉得布德贝格是对的，但我反对，
这样我就得不到权力，拯救不了世界？
名望从我身边溜过，没有王冠，没有王位？
那么我应该为此去训练我自己，唯一的自己，
以便去为海鸥和海雾构建诗句？
去听下面轮船汽笛发出的鸣叫？

直到消失，什么消失？生命。
现在我并不为失败而感到羞愧。
一座有海豹呼叫的雾蒙蒙的海岛，
或者一片炎热的沙漠就足以让我们
说出 yes, tak, si。[①]
“甚至熟睡时我们也在为构建世界而工作。”
持久性只能来自于持久。
我手一动就做成了一根无形的绳索。
我顺着它爬了上去，它把我撑住了。

多么长的游行队伍！
那么多的帽子和带帽兜的长袍！
最令人尊敬的布德贝格教授，

---

① 英文、波兰文、西班牙文的“是”。

最为卓越的陈教授，
名声并不显赫的米沃什教授，
他用几乎不为人知的语文写诗。
谁会在乎他们呢。这里阳光普照。
是的，那些高高的蜡烛的火光黯淡了。
多少代的蜂鸟伴随着他们，
当他们前行着。越过魔山，
来自海上的冷雾意味着，又是七月了。

伯克利　一九七五

风 景

除了赞美，风景什么也不缺少。
除了王室的信使，他们带着礼物：
一个有定语的名词和变化的词句，
让珍贵的橡树能大放光彩。
当大学生们走在城外山谷的小路上，
就会一边走着一边唱起了《欢乐颂》。
就让那个孤独的牧羊人在树皮上刻字好了。

除了赞美，风景什么也不缺少。
但没有天使。密树林，昏暗的峡谷，
高悬在森林之上的森林，一只兀鹰在悲鸣。
有谁能在这里构造出一个句子？
这风景如何，他不清楚，但一定很美。

那里的下面，城堡的大厅倒塌了。
教堂后面的小街、妓院、商店。
一个人也没有。那么信使会从哪里来？

在不明不白的灾难后我继承了直达
海岸的土地和土地之上的太阳。

伯克利　一九七五

凯撒里亚

当我们驶入了凯撒里亚的水域
或者我们驶近了它,但偏离了地图册。
海鸥在海峡的轻柔声中沉沉入睡,
一串野鸭在晨雾中朝三角洲飞去。
烟雾后面是幻影、尖塔,像铁那样发出光和响声。
那里还有古船,一百年前人们让它驶入,
在城市的入口处腐烂锈蚀着。

多少年来我们都在学习,但不理解。
我们逛过了凯撒里亚的市场,
我们越过了山峦和内海,
认识了那里的很多人、宗教和方言。
现在,当凯撒里亚成为我们的悲痛时,
我们依然不知道,是否是贪婪蒙住了我们的眼睛,
还是我们坚信,一切都会完成
我们的使命,我们最初的召唤。

伯克利　一九七五

孤独研究

是沙漠中远距离水渠的守护者？
是沙石要塞中的一个人的守卫？
不论他是谁，都能在黎明时看见起伏的山岭。
灰烬的颜色，在消融的黑夜之上，
融合着紫罗兰色，又化为流动的胭脂，
直到它们站起，变得巨大，在橘红色光里。
一天接一天，不知不觉，一年又一年。
这光辉是为了谁？他在想：是为了我一人？
但在我死后，它依然会继续留在这里，
在蜥蜴眼里，它是什么？是否被候鸟看见？
如果我是全人类，可他们本身却没有我？
他知道叫喊没有用，因为没人会去救他。

伯克利　一九七五

幸福的一生

他的晚年适逢丰收的岁月。
没有地震,也没有旱涝灾害。
看来持续丰收的季节已趋稳定,
星星更加明亮,阳光更加灿烂。
就连边陲上也没有战争发生。
一代代的人在成长、和睦相处,
人们的理智不再是嘲讽的对象。

和如此生机勃勃的世界告别真是痛苦,
他为自己的多疑和嫉妒而深感羞愧,
为他受伤的记忆随他一起消失而欣慰。

在他死后两天一场飓风席卷海岸,
沉睡了百年的火山又喷出了烈焰。
岩浆湮没了森林,葡萄园和城镇,
海岛上的一仗宣告了战争的开始。

伯克利　一九七五

衰　落

一个人的死亡如同一个强大国家的衰落，
尽管它曾拥有骁勇的军队、将领和预言家，
繁华的港口和遍布海洋的强大船队，
如今它已孤立无援，谁也不和它结盟，
它的城市已变荒凉，居民也四处逃散，
曾经是丰饶的田地如今已杂草丛生，
它的使命已被遗忘，其语言也已消亡，
只有乡村方言还保存在远方的人迹罕至的深山中。

伯克利　一九七五

诱 惑

在星光灿烂的天空下，
我漫步在山脊上，眺望霓虹灯的城市。
伴随着我的伙伴，那荒原的精灵，
它在周围游荡着，还对我说教，
说我并不是必要，即使不是我，
别人也会来此散步，想理解自己的时代。
假如我很久以前死去，什么都不会有所改变。
依然是同样的星星、城市和国家，
即使我的眼睛再也不会看到，
这个世界和它的事业依然会继续下去。

以耶稣基督的名义，请你离开我吧，
你把我折磨够了，我说。
不该由我来评判人们的职责，
就连我自己的成就我也无从知道。

伯克利 一九七五

秘　书

我仅仅是一个看不见事物的仆人，
它被口述给我和另外几个人。
秘书们互不相识，我们走在人世间，
所理解的不多。在一个句子中间开始，
在一个逗点前结束。至于它的全部内容，
我们全然不知，因为我们谁也不去读它。

伯克利　一九七五

证　据

毕竟你经历过地狱的火焰，
甚至你能说出它的样子：真的，
终结在尖锐的钩子上，为了能把肉
撕裂成小块，直至骨头。你走在街上，
依旧在进行着拷问、鞭打和流血。
你记得，因此你不怀疑：地狱确实存在。

伯克利　一九七五

惊　异

啊,窗子上多美的朝霞。大炮轰鸣。
摩西的竹筏在绿色的尼罗河上航行。
岿然站在空气中,我们在鲜花之上飞行。
可爱的康乃馨和美丽的郁金香摆在矮桌上。
听见狩猎的号角发出的哈—那—里的响声。
无穷无尽的不可胜数的地球宝藏财富。
百里香的芬芳、枞树的色彩、寒霜、鹤舞。
这一切都同时出现。也许是永恒的。
眼看不见、耳听不到,但它存在过。
琴弦不弹、舌头不说,但它定将存在。
草莓冰淇淋。
我们会在天空中将草莓冰淇淋融化。

伯克利　一九七五

思　想

有人步行，有人骑马，吹起号角，领着一群猎犬，
我们登上山坡，俯瞰着思想的丛林，
硫磺黄色，像晚秋时节的白杨树林
（假如以前生活的记忆没有把我欺骗）。
虽然这不是森林，只是一堆混乱的杂物，
氯气、汞和晶体的彩虹色。
我望了一下我的伙伴：弓、猎枪、
五连发的来复枪，还有投石器，
以及服装！千百年来的最新式样，
或者是克尔恺郭尔传教士
在散步时戴着的那种大礼帽。
并不是威风的团队。虽然这种**思想**
对于我们这样的人并不可怕，甚至在它的巢穴。
袭击可怜的牧人、农夫和伐木工人，
是它的本性，从此改变了它的习性，
尤其对年轻人。用太阳岛

和人世间正义的梦想去折磨他们。

伯克利　一九七六

费利娜

山上的幻影实验室冒烟了。
雾沿着明亮的阶梯变成了蓝色。
我走在长街上便想起了你，费利娜。
你亲切地出来，衣裙沙沙响，
带着你那可笑的歌声：

> 我的便鞋是鼠皮做的，
> 我的手套也是鼠皮做的。

你在镜子前走来走去，杜、塔、杜，
在你走到下面
坐进马车之前。

捷足的骏马把我们带到白杨路上。
渔夫们围坐在河岸上庆贺节日。
我们在树林的苹果树下铺上白桌布。
让银杯斟满了深色的葡萄酒。

——可是,哪里有这样美妙的乡郊?
——在古老的海外公国里就有,费利娜。

即使你那缎带非常低廉,
你的内衣也不那么干净,
这一天和云彩都永远停止了移动,
以便让真实的大地帮助我们。

你将会受到永恒的照顾,
蝴蝶在空中的印迹也受到保护,
而大地将会如它所愿得到重建,
在那里,再也不会有痛苦和嘲讽。

费利娜,簌簌作响的衣裙。
掉落下来的镜子。
杜、塔、杜。

伯克利　一九七六

读日本诗人一茶（一七六二至一八二六）

美好的世界——
露水滴落着
一滴，二滴。

就是几笔墨迹便完成了
白雾的巨大寂静，
在群山中惊醒，
鹅群在鸣叫，
井口的桔槔在嘎吱响。
茅屋房檐上的微滴。

也许这是另一座房屋。
看不见的海洋，
直到中午，雾像大雨似的
从红杉的枝干上倾泻而下，
汽笛在下面的海湾里鸣响。

诗只能写这些,不能更多。
因为我们确实不知道说话的人,
他的骨头和肌肉是什么样子,
还有他的皮肤的松软性,
以及他的内心的感受。
这是不是什勒姆巴克村,
我们常常在它潮湿的草地上发现
像特蕾莎·罗什科夫斯卡衣裙那样
色彩斑斓的蝾螈。
是不是另一个大陆和不同的人名,
科达宾斯基、查瓦塔、艾林、梅兰涅,
这首诗里什么人也没有,仿佛它
是因地点和人物的消隐而存在。

　　一只杜鹃在叫,
　　为了我,为了山,
　　为了山,为了我,
　（换着叫来叫去。）

坐在崖边自己的屋顶下面,
倾听着峡谷中瀑布的轰鸣,
他的前面是蜿蜒起伏的青山,
和触及他的西沉的太阳,
于是他就在想：为什么杜鹃的叫声
会在这里和那里不停地回荡,
也许这不会是事物的正常状况。

决不要忘记
我们行走在地狱之上，
观赏着鲜花。

知道而不说：
就是这样忘却。
说出来的会得到增强，
没有说出的会趋于消失。
舌头出卖给了触觉。
我们人类会以温暖和轻柔而存续，
还有小兔、小熊和小猫。

根本不是严寒黎明时的一阵颤动，
不是对白天来临的恐惧，
不是监工的鞭子，
不是冬天的街道，
不是人世间任何人，
不是惩罚、意识。
什么都不是。

伯克利　一九七八

句　子

出走

——当我们到来时，这里只长有树林，很密，像手指一样。

内部一幕

如果你想，大地会让你世世代代活下去。

反对悲观主义的手段

被雷击着火的森林能使我平静。

神庙

他们跪在密林里，向天上的游行队伍顶礼膜拜。

天外的山

我们进入了，赶着前面的一群仙鹿。

寂静地区

深蓝色的影子，葡萄叶上的亮光，

山羊的蹄子还和罗马时期的一样。

规则
当你进到这个阶段,你应把有血的手洗净。

艺术家的教义问答
让你的作品去捍卫一个人。

史诗
被枪矛刺穿,当他们自己需要蹲坐时。

哲学起源
从对大便和身体臭味的厌恶,
学会画出美丽的线条。

四季
是黄金世纪、银世纪、铜世纪、铁世纪?
不,是幻想的、诗歌的、哲学的、语文的世纪。

现代诗人
一个被关在地狱的人说:地狱并不存在。

诚实
如果他们应该去死,我怎么能爱这些亲人呢?

狗
在广大的斜坡草地上,一群狗在人们的

眼皮底下追逐嬉玩，而这时，人们也准备
爱上这种与人类相似的种族。

威胁
他非常害怕想到被忘的事情又会被想起。

本性
当魔鬼在我身上跳舞，我就觉得自己是个天使。

识别标志
这些人像我们一样，会在梦中飞翔。

越过门槛
时代的服装从我身上掉落，我处在一个
被部落人遗忘的大国里。

传说的片断
地下的树丛和地下的森林，好多个星期
都处在地下水的光照中。
一个流浪者来到，向他们通报：他们得到了宽恕。

喊叫
我不想要这样的生活，也不想处在这样
的法律之下，也不想在这样的地球上！

指责
——你没有说真话——因为这也许会是人们的希望。

贡献
他使得他的子孙后代
能去种树和倾听钟的响声。

论划定界线的必要性
不幸的和欺骗的大海。

惊讶的理由
那些自然元素的掌管者给了我们歌颂生育的歌曲?

根据赫拉克利特
永远活动的火,是一切的尺度,如同
金钱是财富的尺度一样。

风景
广阔无边的森林成了野蜂吸取蜜汁的对象。

语言
宇宙意味着用魔鬼的语言来诅咒我的痛苦。

祈祷圣歌
从天河的沉默中保护了我们。

以防万一
当我咒骂命运时,这不是我,而是大地在我身上所为。

毕达哥拉斯规则的组成

离开了故土就不要回来,厄里倪厄斯跟在你身后。

假设

如果像她所说,你用波兰文写作,为了惩罚自己的罪孽,那你将得到拯救。

肖像

他关在塔楼里,阅读古代作者的作品,在露台上喂喂鸟,因为只有这样才能忘记对自己的认识。

安慰

放心吧,你的罪孽、你的善举都会被遗忘掩盖掉。

来自加利福尼亚的女诗人奥兰多·布鲁格诺尔

向你致敬,你是荆棘之王。

交换契约

他很感激,因此他不能不相信上帝。

完美的共和国

清早一开始,太阳才刚刚照射到浓密的枫树林,他们便上路了,并铭记着这个神圣的词:是。

花园里的诱惑者

一动不动地凝视着树枝,冰冷的,活着的。

秩序

他被剥夺了,为什么你就不能被剥夺?
比你更优秀的人都被剥夺了。

缺点或优点

你屈膝作揖!
我也屈膝作揖。

什么陪伴着我们

在山中溪流之上的带扶手的步行桥,
连最细小的树皮鼓包都记住了。

西方

在淡黄色的山丘上,在冰冷的蓝色大海上,
是多刺橡树的黑色树林。

安置在L.F.无名墓上的题词:

凡是你所怀疑的均已消失,凡是你所相信的都已实现。

墓志铭

你在想我们:他们只是生活在幻想中,
你知道,我们的家族、书中的人类,永远不死。

记忆和记忆

不知道,不记得,只有一个希望:
忘河之后的就是记忆,医治好了的。

敬神

因此，上帝听到了我的祈求，
准许我对他的荣誉犯下罪过。

生活的目的

为了掩饰我因穿深红色衣服而感到的羞涩！

药

如果不是厌恶他的皮肤的气味，
我就会认为自己是个好人。

思念

我不想成为众神和英雄中的一个。
只想变化成树木，永久生长，不会欺侮别人。

群山

直到膝盖的湿草，伐木区的比人高的覆盆子，斜坡上空的云，云里的黑森林。

穿着中世纪羊皮袄的牧人前来和我们相见。

逆转

他们居住区的废墟上已长出幼小的树林，
返回来的狼和熊安全地睡在浆果树丛中。

凌晨

我们从睡梦中醒来，但我不知是多少千年了。
鹰重又在阳光中飞行，但并不意味依然如故。

多产的捕鱼

（路加福音V,5—10）

岸上，鱼在西蒙、雅各和约翰张的网里挣扎着。

高飞的燕子。蝴蝶的翅膀。教堂。

教会史

二千年来我都试图去理解，这到底是怎么回事。

伯克利　一九七八

在圣像前

在不幸中赞美上帝是痛苦的，
想到他不去拯救，尽管他能够。

耶和华的天使没有触到一个人的眼睑，我握住他的一只手，
我是这次无端苦难的不果断的见证人。

不被听取的祈祷，他的和我的。
不被听取的祈求：感动我吧，
作为交换给他一个平凡的生命。

一个虚弱可怜的人走在医院的通道上，
他就像那个刚刚解冻的冬天。

而我是谁，一个在向圣像顶礼膜拜的信徒？

伯克利　一九七八

诗的状况

好像代替眼睛的是一副倒转的望远镜。世界离开了。所有的一切：人们、树木、街道都在变小，但是任何的东西都没有失去它们的鲜明性，只是更加浓缩了。

当我写诗时，我过去也有这样的时刻，因此我知道距离，客观的沉思，装扮成一个不是我的我，如今它一直不断地继续着，我便问自己，这是什么意思，是不是我进入了一个持续的诗的状况。

过去困难的事情现在容易了，但我并不认为要在写作中去表现它们的特别必要性。

现在我的健康状况很好，但我曾生过病。因为时间飞逝，我曾对未来发生的一切的恐惧感到忧虑。

每一分钟世界的惨景都使我感到惊恐不安，而且是那么可笑，我无法理解，文学怎么会想同它进行较量。

我每分钟一摸就会感到肌肉疼痛。我已经习惯这种不幸了，我并不请求上帝转移它，因为上帝为什么要把它从我的身上转移，如果它并没有从别人身上转移过它的话。

在梦中我到了一处深渊的狭窄口上，那里可以看见大海鱼在游动。我害怕我一看就会掉下去。于是我转过身来，用手指紧紧抓住粗糙的岩石墙壁，背对着海慢慢地挪动着，才终于到了安全地带。

我很焦急，也很生气。把时间浪费在打扫洗涮和煮饭之类的琐事上面。现在我正在小心谨慎地切着洋葱，挤着柠檬，准备着各种各样的调料。

伯克利　一九七七

距　离

有一段距离，我走在你身后，我不好意思更走近你。

虽然你选了我当你的葡萄园工人，我却压碎了你的愤怒的葡萄。

每个人都按照他的本性行事，并不是所有的恶习都能医好。

我甚至不知道，我是否能成为自由人，
因为我的行动不受我的意志的驱使。
揪住小孩的脖子，他便连踢带咬
直到强迫他学习，要他写字。
我想和大家一样，但得到的是分离的痛苦。
我以为我会处在自己人中间，但醒来时我却是个陌生人。
我在考察风习，我好像是从别的时代漫游到了这里。
因叛离了集体的仪式而愧疚。
有好多善良而正直的人，他们最公正地受到了召唤。
无论你走到地球的任何地方，他们都会跟随你。
可能这是真的，我是在暗恋着你。
但并不奢望自己能像他们那样在你身边。

伯克利　一九八〇

当度过了漫长的一生

当度过了　漫长的一生　便出现了
他一直企盼获得的　那种形态
而刻在石头上的　每个字
都长了白霜，　这时会怎样？　酒神节
游行队伍的火把　在黑暗的　山中，
那儿是他出生的地方。天空的一半
有着纠结在一起的云彩。他的面前
是面镜子。　在镜子里　是已经分裂的
毁灭着的事物。

俄勒冈　一九七六

前去朝圣

但愿百里香和薰衣草的芳香一路陪伴我们,
来到这个省份,它不知道它是多么幸运,
因为在地球的许多角落里,它是唯一
一个被选中和拜访过的地方。

他们前去的那个圣地,却没有路标指引,
直到它现身,在一个群山之间的
牧人的山谷,那里要比记忆更久远,
在山洞中一条嗡嗡作响的狭小溪河之上。

愿葡萄酒和烤肉的美味伴随着我们,
就像我们常在空地上举行欢宴那样,
寻找着,没有找到,收集着信息,
为那一天的阳光灿烂而欢欣鼓舞。

温柔的群山和畜群的铃声
让我们想起我们失去的一切,

因为我们看见了并爱上了，
那个转瞬间就会消逝的世界。

卢尔德　一九七六

凌　晨

逝去世纪的
奔驰的群马。

晨曦在扩展
广阔地覆盖着世界。
我的火把变暗而天空变得明亮，
我站在潺潺河水上的岩洞旁，
晨曦中一轮银月高悬在群山上。

卢尔德　一九七六

正　门

在一座雕饰的石头正门前，
在阳光下，在亮和影的界线上。
近乎晴朗，欣慰地想，当脆弱的
躯体消失，空无一人，这里仍会留下。
触摸着布满颗粒的墙，对我那么
轻易地接受我的消失而感到惊讶，
尽管这不应该。大地，我与你有何关系？
与你的草场有何关系？草场上
沉默的动物在洪水前仍旧低头吃着青草。
与你毫无节制的生育有何关系？
这么温情的忧郁又是从何而来？
是否是因为那毫无用处的愤怒？

伯克利　一九七六

单独的笔记本（一九七七至一九七九）

一　装有镜子的画廊

第一页

一个老人，傲慢无礼，一副黑心肠，
他为自己不久前才二十岁而感到惊异，
他在说话，
　　虽然他宁愿理解而不愿说话。

他爱过渴望过，但结果不好。
他追求过，甚至都要抓住了，但世界比他更快，
现在他看见的是幻影。

他小时候在梦里跑过一个昏暗的花园，

他的祖父在那儿，应该有梨树却没有，
小门开向汹涌的海浪。

坚毅不屈的土地，
不可废止的法律，
掩盖不住的灯光。

现在他登上大理石楼梯
开花的橘树散发出香气
他还听了听小鸟的鸣啾。
沉重的门已经关闭，
他在门后停留了很久，
在不知是冬天还是春天的空气里，
在没有清晨和落日的天光里。

屋檐的嵌板仿照树林的拱顶，
他走过装满镜子的大厅，
镜子里的脸孔时现时隐。
完全像巴尔巴娜公主出现在国王面前，
她是被一个女巫婆召唤而来。
在这里，处处能听见说话的声音，
声音多得能让人听上几百年，
他曾一度想要了解他那可怜的生活。

第十页

萨克拉门托河，在荒凉的群山中，带黄褐色。
从海湾那边突然吹来阵阵清风，

我的轮胎在桥上发出了韵律。

轮船，岛屿之间的黑色野兽，
处在水上和天上的灰色冬天。
如果它们能从春天和远方的陆地召唤而来，
那我是否能告诉它们最坏的但却是真实的，
——有关那不属于它们却来到我身上的智慧？

第十二页

他在落满灰尘的书架上发现了字迹不很清晰的家庭编年史的书页，于是他又再次拜访了他童年曾一度住过的齐维纳河畔阴暗的房子。它被称作“城堡”，因为它是建立在原先是“利剑骑士”城堡的遗址上的，这座城堡是拿破仑在世时被烧毁的，地基下有一座地牢，还发现了一具被铁链钉在了墙上的骷髅。这座房屋又被称作“宫殿”，以便和公园里的耳房相区别，欧格留斯会把钢琴搬到那里去过冬的。他的这位亲戚曾上过麦茨的耶稣会学校，并在彼得堡的军事法庭当过律师，但当他被要求改变宗教信仰时，他便离职不干了。嗣后他便独自一人住在这座城堡里，与邻居和家人均无来往，只有他喜爱的姐妹雅德维佳·伊齐兹卡夫人是例外。“他们和仆人说话只用波兰语或白俄罗斯语，而讨厌用俄语。”他同很少的客人——过去在彼得堡的同事交谈时则用法语。“他待在城堡里可说是足不出户，从一八九三年的晚秋到一九〇八年从没有离开过。他读得很多，写得也不少，但最多的是弹钢琴，有时整日整夜都在弹。这是架家用型的钢琴，由华沙的科恩戈夫厂制造，他为它支付了一千五百金卢布，这在那时候可是一笔巨大的数目”。如果他要外出，他就骑马到附近的伊多尔特去看望他的姐妹。人们常会看到他们骑马到林子里去散步。她很喜欢骑上一个

"女战士" 的马鞍。但自从她逝世之后,也许只有某个过路人晚上停留在公园的门口听到美妙的乐声,才能证明这座房子里住有人,后来有好几个月都听不到音乐了。"不过现在已是秋天了,于是人们还认为他在弹奏,只是在宫殿的里面,由于有双重窗户,人们就不能听见了。" 直到他叫来了家人,甚至接待了神父。他被葬在伊多尔特家族陵园他的姐妹的墓旁。身后留下了一包包手稿,内容不详,都是用绳子捆好了的。

第十三页

我并没有选加利福尼亚,它是强加给我的,
一个北方居民对着灼焦的荒原又能说什么?
灰色的泥土,干涸的小河床,
稻草色的丘陵和成堆的岩石。
像侏罗纪的爬虫:在我看来,
这就是这一地区的灵魂。
而从海洋来的雾遮住了它,
催生了洼地里的绿色,
和多刺的橡树与荆棘。

那儿说过,这大地——新娘是属于我们的,
为了让我们沉入她那深而清澈的河水中,
被丰富的水流簇拥着,游了开去?

第十四页

他在编年史读到:"在他死后不久便开始吓唬人了。从这时候起,城堡就没有安宁过,因为大家都在说,欧格留斯先生在走来走去。家具在移动,房间里的书桌在动,晚上他在书房里弹钢琴。

楼上的图书室里晚上也出现了许多稀奇古怪的事情。”维尔诺银行代理人密切斯瓦夫·雅沃维茨基先生对此深信不疑，他是因房屋继承人想搞到一笔贷款而被派到此地来进行房屋估价的，他们给他在欧格留斯的书房里安排了一个床位，这是间嵌有橡木地板的大房间，窗子面向公园的一侧和齐维纳河。书房里除了钢琴和书桌之外，还有些书架，书架上摆放着欧格留斯随手可用、不必上楼到图书室去取的一些书。一进门人们便会注意到那些画和一座从摄政时代留传下来并饰有拿破仑鹰徽的珍贵的座钟。半夜里，客人胆战心惊地摇铃叫仆人，把粗绒做的铃绳都扯断了，还没等救援到来，他便穿着内衣内裤跳出窗外，他为此付出了身患肺炎的代价，因为外面很冷。大家终于习惯了城堡里的惶恐不安，但是从德鲁亚新来的教区主持维伯尔神父的遭遇却非同一般。有次他来城堡访问，随便翻看了一本照片簿，突然他在一张相片上停住了，便问照片上的人是谁，当他听到女主人说是她两年前死去的姐夫欧格留斯时，神父便说：“这就怪了，我不知道该不该对夫人说，也许最好是什么也不说，因为要是我说出这件事来，夫人准会认为我疯了。但是不管夫人您相信不相信，我还是要告诉您。昨天晚上，他就在修道院我的房间里。”随即他便说道，昨天他从教区巡视回来后，因为太累了，便早早上了床，用读书来催眠。这时他听见大门嘎吱一声响，先是在餐厅里，接着是与卧室相邻的起居室里响起了脚步声。房门打开时，一个陌生的男人走了进来，他穿着讲究，“带着一种富人的傲气，非常自信”。他光着头，没有穿风衣。维伯尔神父便把他看成是当地的一位他不认识的地主，有急事前来找他。于是神父便为自己这样早上床而向他道歉。这个陌生人默默地朝床边走来，他把右手撑在大理石的桌面上，说道：“为了证明我来过这里，我把我的指印留下了。”说完他便转身走了出去，不急不忙地穿过没有灯光的起居室，随后他走过餐厅，打开通向修道院走廊的那扇门,他的脚步声也渐渐消失了。不过,神父前去检查过,通向庭院的门是锁着的,通往大街上的大门是锁着的,大门旁边的耳门也是锁着的。欧格留斯清晰地让人记起了他,直到一九一四年二月他弟弟尤瑟夫逝世的那一天为止。我感兴趣的是,读者也会想到:哲学是否真的有助于生活的激情?也许所有的智慧都一无是处,如果那些微不足道的愤怒、不快和家庭争吵是如此的持久,以致我们死后还要奔走不息。

第十五页

世界是可怕的

塞尚

塞尚,我把三个不可能相聚的人引导到
你在艾克斯的工作室来,引导到赭石和朱砂的大火中。

给这个女人取名为加布里娜,我能让她
出现时穿一件带水手衣领的白色裙子。
或者打扮成一个没有牙床的龅牙老太婆,
她站在这儿,橄榄似的金黄色,满头黑发。

这是艾德克,半个世纪前的田径运动员。
他把手放在臀部上,就同从艺术画册上
复制下来的自己的画像一模一样。

而这个就是画他的密切斯瓦夫,手指头被烟熏黄,
他舔着卷烟纸,想着画笔的下一个动作。

他们将是我的忧愁的见证人,

我不能向你倾诉又能向谁呢？

力气、灵巧、美貌，尤其是力气，
摇晃着肩膀，轻盈的步履，
受到人们的高度评价，而且很公正。
一个与普通动作相协调的动作，即灵敏，
无论世界怎么样，都会让人高兴。
要像他投掷铁饼的弯腰姿势那样，
他放马疾驰，在黎明时分
从 Z 先生的红发妻子的窗前驰过！

我羡慕他，像个十六岁的孩子。
直到不是很快，那是在大战之后，
我才听到他的消息。他没有阵亡。
在一个新的国家，在一种荒谬语言的统治下，
他因厌恶日常的谎言而用瓦斯自杀。

如果肉体的荣誉坠落在泥土中，
坠入到永恒的忘却里。如果我，才智
对他有这样的权力，听到我的命令
就会前来。尽管他永远也不会是这样的人。
难道我胜了？难道那不是一场可悲的复仇？

人们所渴望得到的一切，塞尚，
都变成像普罗旺斯的松树干，当你低头时，
她的皮肤和服装的颜色：浅黄、粉色，
自然的赭褐色，绿色的维罗纳城，

像颜料管一样的语言，现成的，不同的，
加布里娜一直都是这个样子。

我想知道，那着魔的瞬间到哪儿去了，
是到了什么样的苍天，什么样的深渊底部，
是到了生长在时空之外的什么样的花园去了。
我在找那一瞬间看到的我的房子在哪儿。
当它从眼睛解放出来，永远留在它本身中，
也就是你带着画架围着那棵大树，
日复一日都在追逐的那座房屋。

密切斯瓦夫在华沙有了自己的工作室。
他是你后来的学生，但他告诉我
在那个战乱的冬天，他常用哈气来暖和
双手，几乎画成了一个泥罐和一个苹果。
他凝视着它们，它们布满了整个画布。

而我相信他是想要从这些事物中
抽取那视觉的一瞬间，
假如他遵守艺术家的规则：
艺术家应该对善与恶、乐与苦，
以及凡人的悲痛无动于衷，漠然置之。
他是只为一个目标服务的仆人。

但他却利用了他的工作室去救助别人。
他在那儿掩护犹太人，为此他被处死刑。
他于一九四三年五月惨遭杀害，

为自己的朋友们献出了他的灵魂。

为赞颂心灵而歌唱是苦涩的，塞尚。

这三个名字是真实的，因而经受住了监管。如果将他们改变一下，臆想的闸门便会立即打开。他越是想做得更精确，就越是纠结于人类语言的手段中。但只要武断地把这三个名字放在一起就已经足够了。而他们身上不能表述的一切就会得到加强，就会组成一个独立的故事。他们确实曾在一起过，虽然是在一张相片里，但不单是自己，而且还有其他人，那是在克拉斯诺格鲁达的一座房屋的平台前。他们每个人都活在另一个邻人的思念中。他现在试想，他会怎样去思念他们。艾德克会使他陷入想起自己羞耻的恐慌之中：他没有守住球门，踢倒了跳栏，从马上摔下来，所有这类不应为外人知道的事情。当他得知，艾德克在战前不久就结了婚，他和他妻子形影相随，共同度过了战争，经过相互商量，一致同意于一九五一年或一九五二年双双自杀而死。他反而感到是一种安慰，仿佛一个令他自愧低人一等的人消失了，这倒让他振奋了起来。至于加布里娜，她的天性就像那条河一样猛烈，他就是在这条河边出生的，并在三岁时在那里第一次见到少女时期的她。是深蓝海面上的一道金网，或者是绿色的维罗纳城，或者是用陶泥盘子盛着的蜂巢的酸甜，或者是像乐器颈部的颈脖。他从未想过，她会是他的一切，常常被救了出来，而摆脱了时光的观念。至于密切斯瓦夫，他却认为，虽然他没有过过这样的生活，即作为一个艺术家所获得的胜利，虽然他的画已全部烧毁，只有他年轻时给艾德克画的那幅肖像画还在，但他也是幸福的。他曾和尤拉一起住在高档社区的一套现代化的公寓里。或者在二十年代末期，他和她一起到戈尔斯山区旅游过。那时候，华沙的艺术家们和文学家们都热衷于山居生活、稚拙的玻璃画和民歌。我不知道其中所蕴含的那种快乐，就像密切斯瓦夫带着羞怯情绪轻轻哼唱的歌曲那样：

“转圈呀转呀转，
小太阳在升起。
小太阳在升起，
我们的卡辛卡，
要骑马去结婚，
要骑马去结婚。
她骑马走呀走，
她抬起了双手，
她抬起了双手，
她祈求主耶稣，
她祈求主耶稣，
赐给她幸福。”

他认为“过去”一词什么意义都没有，因为如果他能让这三位如此鲜活地出现在他面前，那又何必去谈论超尘世的凝视哩。

第十七页

一幅叔本华的画像，不知何故，会和艾拉的画像挂在一起。她被画家戴上了一顶文艺复兴时期的帽子，和泰坦尼克号上的某些女士所戴的帽子相似，她莫名其妙地笑了起来。“哲学家，”一个旅游者对他说道，“我知道他们讨厌你的缘由了。有谁会想要知道；真理是心理对它的功利使命的一种反抗呢？而命运在分配才智的天赋时是极其傲慢的，那些一味追求幻想的平庸之辈应该屈从于少数中的少数人，而承认自己的劣势呢？‘他就像一个观众，因为他摆脱了一切而专注于看剧。' 哲学家和艺术家不就是千百万人中的一个？而我也一样，如果我事先知道有什么落在我身上让我去选择，难道我就不会选定生命和幸福吗？即使是现在，当我知道，我的那些同龄人的生命和幸福都没有留下什么，因此，这不难猜到你为什么不受人喜欢，而且永远也不会被人喜欢。没有人像你那样去把儿童和天才与其他人对立起来，其他人永远处于盲目意志的掌控之下，其本质就是性欲。也没有人像你那样试图去解释：为什么每个孩子都是天才。因为他们是旁观者，求知若渴，是尚未被人类意志俘获的心灵，我还想加一句，是和厄洛斯所引导的心灵一样，但他仍然是一个自由和跳舞的厄洛斯，对目标和服务一无所知。而艺术家和哲学家的天赋在对成人的世界抱有隐秘的敌意里却有它自己的秘密。你的语言——哲学家——表面上合乎逻辑而又确切，比表现更隐秘，人们才无法接近你。你就承认吧，你唯一的主题就是时间：每年的绿色仙景，含苞欲放的姑娘，在一小时内生和死的一代代人。你只问了一个问题——一个人是否值得被诱惑和被俘获的呢？”

第十八页

情人们早晨走在村庄里的小路上，他们在眺望山谷。他们为自己的胜利，为他们本身和他们在活人的尘世间所扮演的角色而眩惑。

翠绿的草地、在下面流动的溪流，和对面山坡上层层叠嶂的树林。

他们走在一块啄木鸟啄食的枞树中间，在那里的山谷边上新刈的草散发出芬芳。

看！他们在树木中间发现了一座小桥，一座带扶手的真正的桥，它通向对岸的某处地方。

当他们往下走时，突然看见一片松树中有两座钟楼的屋顶，闪耀着青铜般的铜绿色。还听到了一座小钟的细小声音。

这座修道院。比它更高的路上的小汽车。阳光下有声音，重又归于寂静。

作为一个宣示的开始，但他们不知道是什么宣示，因为它无法超过开始，作进一步的宣示。

“哲学家，你对他们短暂的自我冲动过于严厉了。虽然他们确实是这样看待事物，仿佛他们存在的虚荣已成为过去。但我承认，你的这些话却证实了我自己所经历过的事情：

‘不管客体是什么，是风景、树木，还是岩石、楼房。当我们完全沉浸在这个客体时，就会忘记我们的个性，我们的意志，我们将会作为纯粹的主体，作为客体的明镜而继续存在着，就好像那里只有客体，没有人去感知它，这时候，就不可能有人把知觉者和知觉过程分开来，而是合而为一，因为整个意识都被一个感性图景所填满、所占据；如果客体在这个程度上摆脱了除了意志之外的全部联系，而主体也摆脱了和意志的一切联系，那么我们就不得不承认，我们所了解的东西就不再是特别的事物了，而是一种**思想**，一种永恒的形式，一种在这种阶段上意志的直接客观化。因此，当他沉浸在这种知觉时，他就不再是个体了。因为在这样的知觉中，个体便失去了它自身，但却成了知识的纯粹的主体，超越于意志、痛苦和时间之外。’”

第二十页

被河床切割的暴露出凝结熔岩的地球，
广袤的荒凉的地球，起源于草木生长之前。

他们到达的这条河，被探险家们称作“哥伦比亚”，
它直流而下，形成一种冰冷的
液体熔岩，灰暗得就像它的上面既无天空也无云彩。

这里什么也没有，除了星球之风，它把
侵蚀的岩石扬起了尘土。

走过了一百里，他们到达平原上的一座
房屋，当他们进入里面，便实现了一个
关于火山荒漠的旧梦。

因为这是座博物馆，保存着公主们的刺绣，
王储们的摇篮，还有一张被遗忘朝
代的皇亲国戚们的相片。

狂风砰砰响地撞击着铜门。在沙皇尼古拉
和罗马尼亚皇后玛丽亚的肖像下面，
嵌木地板发出嘎吱嘎吱的响声。
是什么疯子选了这么个地方来存放他所
珍爱的纪念物、紫丁香色的披肩和中国

丝绸的衣服？

和家人一起游历比亚里茨的花季少女因
失去了肉体感而处于永久的苦闷之中。

为了对散开的浮石和雪花石块进行触摸
和悄声说话而感到羞耻。

直至代替悲痛的是又聋又哑的抽象的疼痛。

他名叫萨姆·希尔，是个百万富翁。在多风的高地上，哥伦比亚河从岩山上直泻而下，在上新世时期的火山岩层中为自己冲刷出了一条峡谷。不久之后，人们便在那里沿着峡谷划出了一道华盛顿州中部和俄勒冈州中部的边界。一九一四年，他在此地开始建造一座大厦，准备用作博物馆，以纪念他的朋友，罗马尼亚的玛丽亚。这位王座上的美人，是爱丁堡与萨克斯—科堡—戈塔公爵同俄国大公主马丽生的大女儿，因此她也是乔治国王和沙皇尼古拉的表姐妹。一八九三年她十八岁时，便在波茨坦和罗马尼亚王储费迪南德·霍亨佐伦—齐格马林根亲王结婚。人们都说她有cuisse légére，即轻巧的大腿。不论真相如何，萨姆·希尔把他的这座大厦命名为“马丽希尔”，把她的名字和他的姓连在了一起。一九二六年博物馆开幕时，皇室成员都参加了。为数不多的来到此地旅游的旅客，有幸看到这位身穿罗马尼亚民族服装的玛丽亚，并为她的雕成的王座和她的纺织机而感到惊讶不已，她的化妆用品保存在陈列柜里，墙上挂着她的亲人们的肖像。挂在第一排的是沙皇一家人的。

第二十四页

如果不是现在,那又会是什么时候?
这儿是凤凰飞机场,我看见火山的圆锥山,
便想起我没有说出的一切。
关于"痛苦"和"忍受"这些词,以及他能承受那么多,
靠锤炼怒气直至它劳累而消失的命运。
这里是考爱岛,白云环绕的绿宝石,
暖风吹拂着棕榈叶,而我想起了雪,
我在遥远的外省,那里发生了
另一种无法理解的生活的事情。
星球的一半光明移入了黑暗,
城市入睡了,每个人都按照自己的钟点,
这对于我,像那时一样,却是太多了。
太多的世界。

无休止地等待。每日每时都在挨饿。痉挛的喉咙,凝视着在街上走过的每一张女人的脸。他所渴望的不是她,而是整个大地,张大着鼻孔去吸取烤面包、煮咖啡、湿蔬菜的气味。在想象中吃下所有的菜肴,喝掉所有的烧酒。准备好去绝对地占有。

第二十五页

你说过,在所有的讲话之后全都会留下来。
你们讲话之后,诗人们,哲学家们,小说家们,
所有从肉体内部被挖掘出来的一切,
活着,但知道这不是能自由地说出来的一切。

我现在是个沉浸在巨大寂静中的女人，
但并不是每个人都需要你们的那样说话。
你杀死的那些鸟，你小船里的那些鱼，
能在什么话语中得到休息，又在什么样的天堂上？

你从我这里得到礼物，它们被接受了，
但你并不去想念那些以前死去的人。
冬天苹果、白霜和亚麻布的气味，
在这可怜的地球上，除了礼物别无其他。

一所蒙昧的学院。聚集着身穿胸衣的女翻译家们，穿裙子的女语法家们，穿着镶边衬裤的女诗人们。她们的课程有丝绸对皮肤的触感，倾听衣裙的沙沙声，帽上的饰毛摇动时要抬起下巴来。他们讲授这些课程所带来的益处。能套到肘部的长手套和一把扇子，低垂的睫毛和鞠躬，以及人类的语言，一只上过彩釉的夜壶，即使一只描画过的眼睛，从底部调皮地望上去，这被称为“器皿”，一个撑起胸部的乳罩，并且按照法国曾祖母的榜样，她们记得英国士兵的红上衣，把来月经说成“英国人来了”。重要的方法和目标在于一个刚刚能察觉到的微笑，因为一切事物都是一种假象：管弦乐队和舞会的响声，镶金框的画，颂歌，歌曲，大理石雕塑，政治家们的演说和编年史的文字。实际上，这仅仅是一种自身内部的温暖和胶着的感觉，以及一种当他遇到欢欣和危险的事件时所具有的清醒的警惕性，而这种事件是没有名称的，但人们都称其为生活。

第二十七页

在我前面有多少人跨过了语言的界线，

在百年的鬼魅之后知道语言的无用。
它们既令人害怕而又毫无意义?

我该如何对待横贯西伯利亚铁路的司机,
和一位被旅客献上一枚蒙古戒指的夫人,
以及电话线低声歌唱的广阔空域,
还有豪华小轿车和三次铃声之后就到的车站?

他们都站在门廊前,穿着光鲜的衣服。
通过煤烟熏黑的玻璃在观看日蚀,
那是在一九一四年夏天,在科甫诺省,
我就在那里,不知道发生了什么和如何发生。
他们也不知道发生了什么和如何发生。
就连这个少年,现在是他们中的一个,
他正流浪在语言疆界的悬崖之上,
在他生命的末期,那时他们都不在了。

第二十九页

在帝国的阴影里,穿着古斯拉夫的长裤,
早早地,你要学会喜欢自己的耻辱,
因为它会永远和你在一起。
它不会离开你,即使你变更了国家和姓名。
你耻于你的失败,你耻于你的心软,
你耻于热忱的献媚,耻于机灵的伪装,
耻于平原上的尘土飞扬和被砍伐当柴烧的树木。
你只好待在简陋的屋里等待春天的来临。
花园里没有花,因为遭到了践踏。

你慢吞吞地吃着饺子，喝着并不冷的汤。
你永远遭受着屈辱，你憎恨那些外国人。

第三十一页

啊，美好、祝福，你们是我从
辛酸而混乱的生活中唯一要攫取的东西。
我在生活中认识了恶，我自己的和别人的，
我喜不自胜，我只记得惊喜。
在广袤无垠的绿色之上的太阳升起，
第一缕阳光下开放的花朵，无边无际的青草，
山岭的蓝色轮廓和一声“和撒那”。
我问过多少次，这不是大地的真实？
诅咒和悲叹怎么会变成这里的颂歌？
为什么我需要假装，当我知道这样多？
但这是嘴唇自己在赞美，是脚自己在跑，
是心在激烈跳动，是舌头在宣布自己的崇敬。

第三十四页

如果死亡临近，为何还这样热情？
你是否能看到、听到和感觉到呢？
然而地球独一无二，
有多好的陆地，多美的海洋，和多美的景观啊！
在痛苦的大厅里，桌子上摆得多么丰盛。
音乐在继续，但演奏它的人却不在。
没有他们的丝绒，也没有松紧带。
来往于行星间的人们，将琴弓架到小提琴上
在他们的村子里饮酒、打闹、掷骰子，

同乘坐在旋转木马上的死人一起嬉玩。

我已是个阅历丰富的人,
但我无法去写一篇投诉状。
因为欢笑会和悲哭一起到来,
所以,如果我立即合上这本书:
生活是甜蜜的,但还是不看为好。

二　有关独立年代的页篇

第三十五页

与深入到父亲制服衣领的银色绣纹这个领域相比，到达流向太平洋的哥伦比亚河，或者在流到北极湖的阿萨巴斯卡河（在加拿大）的河畔支起一座帐篷，要轻易得多。这是一九二〇年的春天，他们住在河岸街，靠近圣雅各教堂，谁能料想到一个人的心里能保存着花香、椅子和晚祷呢？他们乘坐一辆由一个士兵驾驭的四轮马车，马车沿着维利亚河驶向安托科尔，穿过城来到了郊外。那里有工兵驻扎在河岸上，所有的一切都是绿色的，炮台涂成了绿色，第一辆装甲车也是橄榄绿，窗外也是一片绿色。这时父亲唱了起来：

在卢瓦尔的美丽河水之畔，
那儿有我的出生和摇篮，
有两种物品从那里流出：
华丽的丝带和来复枪。

这首歌唱的是什么？是歌唱从法国来的武器？还是那辆装甲车？他们还继续唱道：

他阵亡在斯托哈德河畔的战役中，
在他的坟上长出了一株白玫瑰。

同样在河岸街上，不过是在另一端，离港口较近，布尔哈特夫人记得她是站在钢琴的左边，引吭高歌起一首难懂的歌曲：

咖啡店的嘈杂声在他身旁。

在维利亚河畔的房屋墙上，他读到“皮尔苏茨基（Piłsudski）”时就在想，他们为什么要写成ds，而不是像波兰文那样写成dz。墙上还有斯特拉文斯卡夫人、涅查比托夫斯卡夫人，马丽亚·帕夫利科夫斯卡夫人的兄弟丹内克，他是个飞行员。维托尔德和自己的骑兵团却在很远的地方。尼娜这个疯姑娘，据说参加了一支枪骑兵部队。当斯维京斯基医生给他切除扁桃体时，他痛得要命，但时间很短，随后他就能坐在牙医的椅子上，吃很多冰淇淋。过了很久他都能想起这件事，当时哈拉特医生还笑着说：“你当然不会叫苦了！”冰淇淋、樱桃，已是夏天，报纸上的大标题，越来越低的交谈声。前线的突破对他说来就意味着在第一时间他所记住的远方炮火光照下的尘土路，军车，流亡，恐惧。留在他心里的战败意味着沿涅曼河的那条烧焦的公路和公路上挤满的手推车、货车和马车。他还可以这样说而不会误导别人。我知道城市的街道变得荒凉，人们的眼睛从半闭半开的窗子朝外观看。黄昏时分，他们装有什物和马料的大车正驶入山边的蜿蜒弯曲的公路，这条公路是经波纳里通向兰德瓦鲁夫的。当他朝四下一望，下面的城市已是一片黑暗。他后来成了一个大学生，公路的这些弯曲对他说来又是什么呢，他又会怎样去看这座城市呢，他现在很难精确地说出，也无法去描述那里的情景，因为他已无人可问，这是很久以前的事了，他们都已死了。本不该是这样的，但现在却成了这样，甚至连他父亲制服领子上的银色饰带，也只有当歌曲的旋律回来时才会出现：

在卢瓦尔美丽河水的岸上，
那里是我出生的地方。

第三十六页

战争打赢了，星星静悄悄。

白杨的和贫穷的田野地区保护着茅屋顶上的白鹳的翅膀和标有十字明显记号的面包。

谁也不能在黎明时刻切断菩提树大道和包围村庄，而把一批批人群遣送到东方去。

用稻草铺盖屋顶的工匠们、村里的铁匠们、为腌菜季节准备木桶的箍桶匠们都在不停地忙碌着，像婚礼上的乐师们一样。

普遍的贫穷依旧，赤脚的牧童在麦茬地上生起了火，鹅群在草地上嘎嘎叫着，井旁的桔槔在嘎吱作响。

黑色的小镇在逢集的日子里披上了五颜六色的毯子，嚼着袋子里的燕麦，并在星期五的傍晚点起了蜡烛。

木车轮夜里响彻田野。一道亮光来自落日的霞光，而不是来自醒来的城市。

一个加里西亚中学的学生，一个雇农，一个地主的儿子和一个农民的儿子躺在黄泉下，而把祖国交由“精灵之王”去管理。

一个胜利者、不具有波兰姓氏的贵族，捋着胡须，什么也不说。

> “他出来……走向田野，裸麦和黑土
> 宽广而亲切地展现在他自由的眼前。”

他真想能像他父亲那样去安排轮种，去考虑明天仆役和长工的工作！

> “高高的走廊和光滑的泥地。”

他多么希望自己能拥有像农民之王那样的权力，在苹果树下去进行审判！

> “金色玫瑰啊，你把我举向你自己，
> 在生命的黎明之前永远能看到。”

这不是他的国家，没有一个部落愿和它结成民族联盟。

> “他为一声惊天动地的喊叫而被追逐。”

他没有自己的国家，只有别的国家，他得到这个国家太迟了。

“我像个在路上踟蹰不前的乞丐。”

他头顶上的星星并不平静，他在它们那里读到的一切，对任何人都毫无用处。

白鹰旗覆盖的棺材安放在王陵中，但心却在别处，在他的城市里，在他的首都。

难道这就是波列斯瓦夫王冠的继承人，他身后被征服的后代又成了无家可归者？

“好像这微笑就是属于这些圣歌，
在它们里面淌满了血。”

引自《精灵之王》[1]

第三十七页

致捷霍维奇

很可能死人们并不需要来自世间的报告，他们能在象征里看到后来发生的事情。

但我敢打赌你身上还有一些关心的事情，至少你在活人中间还会继续生存下去。到那时，我会描写你现在的这个样子，在我的另一个大陆，在你后世闪电中。

一个黑发小伙子身穿陆军蓝制服，戴顶有鹰徽的无檐帽，打着

---

① 《精灵之王》是波兰著名诗人尤·斯沃瓦茨基（1809—1849）的一部长诗。

绑腿。

因为你曾在一九二〇年当过两个星期的兵，而你剧本中的演员也穿着同样的制服。

何齐兹刚好来得及上演这个剧本，在东布洛夫斯基广场上那个地板嘎吱作响的房间里，我们的办公桌倒毁之前。

也是在你死于炸弹、苏尔茨死于奥斯威辛集中营、什帕克因不愿关进犹太区而挨了一颗子弹、伏沃达凯维曹娃在纽约死于心脏病发作之前。

当我在语言实验室录制你的诗和今天在放你的这盘录音带时，你都在我的身边转来转去，我对你穿着这身衣服并不感到惊异。

被夺去的生命、被侵占的国土和罪恶，还有你的在深渊之上显得纯洁的曲调。

从铁床、易患风湿病的地下室、混乱的号哭和抽泣、悲惨的苦难。

从院子里的厕所、窗台上的西红柿、浴盆上面的蒸气、沾满油污的格子笔记本。

如何才能把这简朴的音乐提升为年轻人的声音，把那黑色的田野加以改变呢？

昏沉的田野，一些金盏花和锦葵，在我的亲娘、在我亲爱的妈妈的花园里。

他为他血液中的缺陷而被隔离起来，意识到自己的命运，但只有歌唱才能持续下去，谁也不了解这全部的忧愁。

但正是这个在你死后的这些岁月中折磨我；一个问题：哪里才是未能记住的事物的真实性呢？

你话语后面的你，和所有沉默的人们，以及一个过去曾一度存在过的如今却沉寂了的国家，又在哪里呢？

三　茵陈星

第三十八页

现在我没有什么可失去的了，我的谨慎小心的、我的机灵狡猾的、我的这只孤芳自赏的猫。

现在我们可以去做忏悔了，不用担心敌人会从中获得益处。

我们是回声，以轻微的响声掠过一排排房间。

季节高涨与消退，但像在一个我们未曾去过的公园一样。

这是一种宽慰，因为我们不用在赛跑和跳远方面努力去追赶别人了。

大地并不能让陛下满意。

怀上孩子的夜里，签订了一个含意不明的协议。

无辜者受到了判决，但是他无法理解它的含义。

即使能从灰烬、星座和鸟的飞翔中预卜出来。

可恶的契约,卷入到血里,一场复仇的遗传因子的进军,来自沼泽似的千年。

来自白痴和瘸子,来自癫狂的妓女和患梅毒的国王。

来到了羊腿、大麦和喝汤声里。

当茵陈星升起时,我受到了油和水的洗礼,在红十字帐篷旁的草地上玩耍。

这是给我指定的时间,似乎个人的命运太少了。

在某个古老的小城里(“市政厅大钟敲响了午夜的钟声,彼时有一个大学生 N……”如此等等)。

怎么说话?怎么撕开话语的皮?
我觉得我写过的东西不是现在这个样子,
我觉得我所经历的生活不是现在这个样子。

托马斯带来消息说,我所出生的那所房子已经没有了,

连林荫大道和斜向河流的公园也不存在了。

我做过回乡的梦。欣喜异常。五彩缤纷。

我还会飞。

树木长得比我童年时更高大，因为当它们不复存在时依然在长大。

失去了故乡和祖国。

整整一生都在异族中漂泊流浪。

甚至这一点。

只有浪漫的，也就是可以接受的。

此外，这也是我的祈祷得到了回应，我作为一个中学生受到了诗圣们的教导：祈求伟大，就意味着流亡。

大地并不能让陛下满意。

由于一个与尘世国家毫无关系的原因。

尽管这样，我仍惊讶于我活到了这个令人尊重的年纪。

毫无疑问，我得到了奇迹般的拯救，我为此向上帝表示我的感恩之情。于是那些威胁也就来光顾我了。

第三十九页

他听见声音，却不理解挑选他作为媒介工具的叫喊、祈祷、咒诅、赞颂。他想知道他是谁，但他不知道。他想成为一个，但却成了相互矛盾的多个，这给了他一些快乐，但更让他羞怯。他记得在维什基这个地方的湖畔，有红十字会的帐篷（他不把它叫做“帐篷”[Namiot]，因为那时是不这样称呼它的）。他记得从船里舀出水来，巨大而灰色的波浪和从巨浪中浮现出来的一座东正教堂。他在想一九一六那一年和他那美貌的表妹艾拉，她穿着军队护士的制服。想起她和她刚嫁的一个英俊军官沿着前线骑马跑了好几百里路。她的妈妈围着披肩，黄昏时分坐在火炉旁，和涅克拉什先生在一起，早在里加学习时她就认识了他。他的肩章闪闪发亮。他曾妨碍他们的谈话，如今他却安静地坐在那里，眼睛望着蓝色的火焰，因为她说过，如果能久久地望着它，他就能看到有个可笑的小人儿，叼着烟斗，乘马而行。

第四十页

对一个女人的孩子我们该怎么办？
去问飞翔在大地之上的诸神。大炮的炮筒
在向后冲、跳，又一次，那边是平原
在地平线上闪耀。孩子们成群结队在奔跑。
在湖畔的公园里，有红十字会的帐篷，
在篱笆，花床和菜畦的旁边。
现在都在跑动。护士的面纱在飘动。
一匹深栗色的牡马，残株、谷地。
河里的木排上蓝胡子在划着桨。
浓烟后面露出了一片被砍伐的树林。

第四十一页

我们的知识不高，诸神在说。

我们知道他们的痛苦，但不同情。
我们惊讶彩云下面的宏伟，
惊讶圣母、本质和处女地的恭顺
我们又何必去关注生与死呢？

第四十二页

我们手脚并用地爬出了防空洞。黎明，
远远地，在寒冷的霞光里，有一辆装甲车。

第四十三页

他走着，有时还忍饥挨饿，他不是经过灌木丛和树林，而是经过许多房间，里面有许多已成形体的声响和颜色在喧嚣着、闪耀着、变换着。这里有一群隐居在中世纪村庄的风笛手，他们从一个长满野草的山坡，走上一座高地，他们将在这里为战斗演奏。在那里，维利亚河的河水涨得很高，直达教堂的台阶。而在四月的强烈阳光下，涂着蓝色、白色和绿色条纹的小船，在教堂尖塔下面划来划去。那里有一伙小男孩在采摘覆盆子，碰见了一座长满野草的坟地，他们辨认出的名字是：浮士德，希尔德布兰德。的确，我们何必去关注生与死哩。

第四十四页

一九二〇年给我们上可可的夫人们。
为波兰的光荣而成长，我们的小骑士，我们的鹰！
颈下扣紧的红上衣，我们的枪骑兵开进了尖门。
波兰妇女协会的夫人们，波兰救助协会的夫人们。

第四十五页

我把国民议会议员们的鼻烟壶
和镶有银边的大礼服送进了博物馆。
驮马的蹄子敲打着柏油马路，
荒凉的街道飘散着腐烂的臭味，
我们喝着伏特加，我们这些车夫们。

第四十六页

“记忆中的母亲，亲人中的亲人”。伏瓦德克用一轮多卡特车把他从公共汽车站接走。那里的人都没有想到，这车的名字和“狗车”一样。一条坑坑洼洼的行人很少的大路，穿过多风而无树的高原，右下方是个不大的湖，再过去是一条峡谷，在绿色田野中有一个水眼。那一边是一片大而发亮的空地，处在落叶松和滚石之间。在那片鳞光中是一只鹭鹏的白点。他们转到了右边的土路上，从那里可以看见另一个湖，在山谷的终端他们穿过一个村子，再过去的山下面，他们驶入了一片松树、枞树和榛树的灌木林，转出这片树林，便要到家了。“谁会责怪我不准确，谁会认识这些地方和人呢？我的权力是绝对的。那里的一切现在只属于一个人。他曾是维尔诺的学生，被狗车拉到这儿来的。我要不说伏瓦德克是谁，比如在第一次世界大战之前，他曾在卡尔斯鲁厄学过工程学。或者又如，佛罗伦迪娜姑姑是什么人？她年轻时，这是一片未被砍伐的古树林，俨然成了一堵天然的大墙，挡住了三公里长的山丘和这个湖与另一个大湖的斜坡。她还购进了一批黄书皮的法国言情小说，如布尔热、吉普和都德的小说。该选什么，不该选什么，全凭我的意念，我却很奇怪我不喜读想象的东西，好像是我相信一个人能真实地再现过去有过的东西。为什么佛罗伦迪娜却爱看这些小说呢？很难接受这种新的观念：我现在可以不拘礼节地用‘你’来和她说话了，而在这之前，我从来都不敢这样做，她不是个老太太，而是一个少女和孩子，两者兼有。她穿着对她肉体需要都难于想象的束胸衣和衬裙，带着她的女儿到过华沙、巴黎、威尼斯和比亚利茨，这对我和她又有什么关系呢？不过，正是由于我对她的思念，才把我引进了这个纯经验的独特地域。她需要将就：不是去聘请管家和雇用仆人，而是要让她的女儿们黎明即起，穿上皮靴和羊皮袄，到马厩去、到猪圈去，给用人们派活，冬天去监督脱粒直至天黑。每年有三个月不再有庄园，只有接待避暑客人的旅馆。在卡特勒奇卡的厨房里，炉火从早上四点一直烧到深夜，伏瓦德克一连好几个小时都在弹钢琴，而他们，即那些客人们却在付费、跳舞。她还得接受这种不声不响的风习的改变，对于女儿们和自己的男人是否结了婚抱冷漠态度。除了伏瓦德克，这里还住有耶日和其他客人。一切都照旧过去了，不声不响的，因此，一种必需的平凡性便把任何的原则和要求，变成了不需要任何人的肯定便会自行消失的人类臆想。他们都不太到教堂去，除了有时为了佛罗伦迪娜的缘故。而她和她的两个不太信奉天主教的女儿，让我暗地里思考信仰和觉悟的相对性，它们是无法抗拒事物的规律的。”可是实际上，对于构想这篇独白的他说来，他在那里所了解的一切，为什么还不够呢？他那时认为，他来到这个地方不过是碰巧的、暂时的，这只是某种事情的前奏，但是后来，除了前奏和暂时外，再也没有发生过更多的事情了。

第四十七页

这种原料，毛茸茸的，很像毛毯，
一百多年来都是用以制作长袍，
因此你无法分清这是二十世纪的结束还是开始。

她坐在镜前，掀起了她的一片衣裙。
在她粉红—古铜色的胸部上现出了鲜黄色。
就连她手中的刷子也没有变形。
窗框可以是任何时代的，
那被风吹弯的桉树的景致多么美好。
在这唯一的肉体里，栖居在这唯一的瞬间她是谁？
她在这里会被谁看见呢？
当她的名字都被除去了。
她在第三人身上的皮肤不是为了任何人，
而她最光滑的皮肤并不在第三人身上。
这是云彩在树木上空飘动。
周边是古铜色的亮光，而这一切
都停止不动，增强着，进入到光里。

第四十八页

北部地区的霞光，湖那边是收刈者们的歌声，
他们在远处移动着，显得很小，在捆扎最后的麦穗。
谁有权力来指明他们应怎样回到村里，
他们坐在火堆旁，煮着食物、切面包，
或者他们的祖辈住在烟囱发明前的草房里。
那时家家屋顶都冒出浓烟，像是着了火。
或者这片土地在大风狂刮之前是多么
安静，湖泊像眼睛，在未触及的树林中。
什么样的规律能预测太阳的下次升起，
在一列囚车上，或者在工地塔吊的梦幻中
把自己称作神，从他们的窗户望过去，
晃动着脑袋，同情地离开了，因为知道得太多？

你,年轻的猎人,最好把小船驶入深水中,
并把射杀的野鸭拾回来,在天黑之前。

第四十九页

在一列空荡荡的夜行车里,轰隆隆地驶过田野、驶过森林,一个年轻人,即从前的我,和我相似得出乎想象,在硬木长凳上缩着脚,因为车厢里很冷。在睡意蒙眬中他听见驶过的列车轰鸣声,桥梁的回声,隧洞的节奏声,火车头的汽笛声。他醒了,擦了擦眼睛,他看见在疾驰而过的松树的怪状上面,是一片深蓝色的苍穹,有一颗血红的星星在天空的低处发亮。

第五十页

茵陈星

苦涩的河水在茵陈星下面流淌。
地里的人在收集苦味的面包。
他的头顶上没有亮出上帝垂怜的标志，
而世纪却要求自己的信徒顶礼膜拜。

他们从恐龙那里探寻出自己的起源。
他们从溶洞的狐猴吸取他们的灵巧。
在城市上空飞翔的翼手龙，
为思索的苔藓宣布了法律。

他们用铁丝捆住了一个人的双手，
把这个讥笑者放入了浅浅的坟坑。
为了不让他在遗嘱中说出真理，
从此他便永远成了个无名的人。

行星的帝国就在近前。
给予他们掌管语言的权力。
大火的灰烬还没有冷却，
戴克里先的罗马又重新站起。

伯克利　一九七七至一九七八

笛卡儿大街

经过了笛卡儿大街
我走向塞纳河，一个旅游的年轻野蛮人，
惶恐不安地来到了这个世界的都城。

我们一行多人，来自雅西和科罗斯瓦、
维尔诺和布加勒斯特、西贡和马拉克什。
大家都羞于记起自己家乡的风俗，
这儿也不应向别人说起它们。
拍手叫服务员，赤脚姑娘急忙来到，
她口念咒语，分发食物，
主人和仆役们齐声背诵着祷文。

我把阴郁的外省抛在了身后，
我走进了大众的令人惊讶而又渴望的地方。

后来有许多来自雅西和科罗斯瓦、维尔诺
和布加勒斯特、西贡和马拉克什的人，

将被杀死，因为他们想废除家乡的风习。

随后他们的同伙便夺取了权力，
好以普世的美丽的观念的名义去杀人。

这时城市却保持着自己的本性。
黑暗中传来了沙哑的笑声，
烤着长面包，把酒倒进瓦罐中，
在市集上买鱼、柠檬和大蒜。
对荣誉、羞耻、伟大和名望漠不关心。
因为这一切都已成过去，都变成了
谁也不知道代表谁的纪念碑，变成了
轻到快听不见的咏叹调或者口头禅。

我又把胳膊靠在了河岸的粗糙大理石上，
好像是从地狱中旅行回来，
竟然在亮光中看见了季节的转换。
在那里帝国毁灭，曾经活着的人均已死去。

这里和别的地方，都没有什么世界之都。
被废止的风习已恢复它们的好名声。
我已知道了人类世代相传的时间，
是和地球的时间大不相同。

在我的深重罪孽中有一桩我记得最清楚，
有一次我沿着小溪走在林间的小路上，
我朝盘在草丛中的一条水蛇扔去了一块大石头。

而我一生所遭到的都是公正的惩罚，
它迟早都会落在那些触犯禁忌者的头上。

伯克利　一九八〇

算 账

我的糊涂历史可以记满几大本。

有一些可以专记那些无意识行为。
就像一只飞蛾,明明知道,
但它还要扑向蜡烛的火光。

另一些可用于记载抑止不安的方法,
和未能听从的带有警示的耳语。

我会用一卷来记下我的满意和自豪,
当我成了别人称羡赞赏的时候,
我便会昂首阔步,深信不疑。

但所有这一切只有一个主题:渴望,
假如只是我自己的,啊,不。绝不是。
它追逐着我,因为我想和别人一样,

我为我身上的野蛮和傲慢而感到恐惧。

我不再记下我的糊涂的历史，
因为太迟了，而且很难达到真实。

伯克利　一九八〇

河 流

以各种不同的名义，我只赞美你们，河流！
你们是牛奶、是蜂蜜、是爱情、是死亡、是舞蹈。
从神秘洞里长有苔藓的岩石中冒出一股清泉，
那是一位仙女从她的水罐里倒出来的活水。

这股清澈的泉水在草地里成了潺潺溪流。

你的跑步和我的跑步开始了。有赞叹，和迅速跑过。

我把脸朝向太阳，赤裸着，还没有入水桨就划了起来。

橡树林、草场、松树林均一闪而过。

每个转弯处许诺的大地都向我敞开着。

冒烟的村庄，昏昏欲睡的畜群，岸上的燕子，沙崖。

慢慢地、一步一步地，我走进了你的水中。

水流默默地淹到了我的膝盖。

直到我把自己交给了它，它把我带动，我游了起来。

经过一个胜利的中午所反映出来的宏伟的天空。

仲夏夜开始时，我来到你们的岸上。

当满月出现时，仪式上嘴唇和嘴唇相连在一起。

就像那时一样，我在自己身上听见码头的水响声。

听见呼唤、拥抱和爱抚。

我们伴随着被沉没城市响起的钟声离开了。

古代祖祖辈辈的使节欢迎那些被遗忘的人。

你们永不停息的水流带着我们前行前行。

没有现在、没有过去，只有永恒的一刹那。

伯克利　一九八〇

图书在版编目(CIP)数据
着魔的古乔 / (波) 米沃什著；林洪亮译 . —上海：
上海译文出版社，2018.7
(米沃什诗集；II)
书名原文：New and Collected Poems 1931-2001
ISBN 978-7-5327-7412-8

I. ①着… II. ①米… ②林… III. ①诗集—波兰—
现代 IV. ① I513.25

中国版本图书馆 CIP 数据核字 (2016) 第 313493 号

Czeslaw Milosz
New and Collected Poems 1931-2001

图字：09-2013-104 号

着魔的古乔：米沃什诗集 II
New and Collected Poems
1931-2001

Czeslaw Milosz
[波兰] 切斯瓦夫 · 米沃什　著
林洪亮　译

出版统筹　赵武平
责任编辑　陈飞雪　邹　欢
装帧设计　陆智昌

上海译文出版社有限公司出版、发行
网址：www.yiwen.com.cn
200001 上海福建中路 193 号 www.ewen.co
江苏苏中印刷有限公司印刷

开本 890 × 1240　1/32　印张 8.75　插页 6　字数 74,000
2018 年 7 月第 1 版　2018 年 7 月第 1 次印刷

ISBN 978-7-5327-7412-8 /I · 4519
定价：55.00 元